特劳特营销十要

CEO如何成为营销天才的故事

A GENIE'S WISDOM

A FABLE OF HOW A CEO LEARNED TO BE A MARKETING GENIUS

［美］ **杰克·特劳特**（Jack Trout） 著

邓德隆 火华强◎译

经典
重译版

机械工业出版社
CHINA MACHINE PRESS

图书在版编目（CIP）数据

特劳特营销十要（经典重译版）/（美）杰克·特劳特（Jack Trout）著；邓德隆，火华强译 . 北京：机械工业出版社，2017.9（2025.2重印）
（定位经典丛书）
书名原文：A Genie's Wisdom: A Fable of How a CEO Learned to Be a Marketing Genius

ISBN 978-7-111-57824-6

Ⅰ. 特…　Ⅱ. ①杰…　②邓…　③火…　Ⅲ. 企业管理－市场营销学　Ⅳ. F274

中国版本图书馆 CIP 数据核字（2017）第 202691 号

北京市版权局著作权合同登记　图字：01-2011-0527 号。

Jack Trout. A Genie's Wisdom: A Fable of How a CEO Learned to Be a Marketing Genius.
ISBN 0-471-23608-x

Copyright © 2003 by Jack Trout.

特劳特营销十要（经典重译版）

出版发行：机械工业出版社（北京市西城区百万庄大街22号　邮政编码：100037）

责任编辑：岳晓月　　　　　　　　　　　　　　责任校对：殷　虹
印　　刷：固安县铭成印刷有限公司　　　　　　版　　次：2025年2月第1版第16次印刷
开　　本：170mm×242mm　1/16　　　　　　　印　　张：10.75
书　　号：ISBN 978-7-111-57824-6　　　　　　定　　价：59.00元

客服电话：（010）88361066　68326294

目录

致中国读者

推荐序

前言

第 1 章　精灵驾到 　　　　　　　　　// 1

第 2 章　营销的本质是什么 　　　　　// 9

　　　精灵的营销智慧 　　　　　　　// 11

　　　改善家居建材店 　　　　　　　// 14

　　　精灵论预算 　　　　　　　　　// 15

　　　执行跟进的重要性 　　　　　　// 17

　　　分销渠道的重要性 　　　　　　// 18

　　　一个警告 　　　　　　　　　　// 20

　　　第二次会议 　　　　　　　　　// 21

第 3 章　何为打造品牌 　　　　　　　// 23

　　　精灵的品牌智慧 　　　　　　　// 25

　　　精灵论品牌名称 　　　　　　　// 26

　　　精灵论品牌打造 　　　　　　　// 28

　　　精灵论聚焦 　　　　　　　　　// 30

　　　精灵论贪婪 　　　　　　　　　// 32

拜拉姆的总结　　　　　　　// 34
随之而至的备忘录　　　　　// 34

第4章　如何制定产品策略　　　// 37
精灵的产品智慧　　　　　　// 39
精灵论第一　　　　　　　　// 40
精灵论第二　　　　　　　　// 42
精灵论新事物　　　　　　　// 43
精灵论品牌延伸　　　　　　// 44
拜拉姆的总结　　　　　　　// 45
拜拉姆重整计划　　　　　　// 46

第5章　如何正确定价　　　　　// 49
精灵的定价智慧　　　　　　// 51
精灵的指导原则　　　　　　// 52
扭转美铝公司　　　　　　　// 55
实践过程　　　　　　　　　// 56
实践结果　　　　　　　　　// 57
拜拉姆的总结　　　　　　　// 57
拜拉姆发布定价原则　　　　// 58

第6章　增长是否有限度　　　　// 61
精灵的增长智慧　　　　　　// 63
不要理会股价　　　　　　　// 65
专注主业　　　　　　　　　// 67
专注认知　　　　　　　　　// 68
基于现实　　　　　　　　　// 70
拜拉姆的总结　　　　　　　// 72
拜拉姆公布新政策　　　　　// 73

第 7 章　何为有效的市场调研　　// 75

精灵的调研智慧　// 78

言行不一　// 79

从众消费　// 80

抓拍心智快照　// 81

关于预测未来　// 83

第二天　// 85

第 8 章　如何评估广告　　// 89

精灵的广告智慧　// 92

坦诚与新闻性　// 94

简单、显而易见、保持耐心　// 96

拜拉姆的总结　// 97

第二次会议　// 98

第 9 章　如何选择合适的媒体　// 101

精灵的媒体智慧　// 103

文字与图画　// 105

两种语言　// 105

公关和促销　// 107

整合营销　// 108

拜拉姆的总结　// 108

第二天　// 109

第 10 章　品牌标志有多重要　　// 111

精灵的品牌标志智慧　// 113

关于品牌标志的研究　// 116

精灵论形状　// 118

精灵论色彩 // 118

精灵论简称 // 119

拜拉姆回到会议中 // 121

第11章 常犯的错误有哪些 // 123

自大 // 125

贪婪 // 127

无知 // 128

妄想 // 129

失去焦点 // 130

乱改进 // 132

骄傲 // 133

后记 // 136

附录A 定位思想应用 // 137

附录B 企业家感言 // 139

致中国读者

中国正处在一个至关重要的十字路口上。制造廉价产品已使中国有了很大的发展，但上升的劳动力成本、环境问题以及对创新的需求都意味着重要的不是制造更廉价的产品，而是更好地进行产品营销。只有这样，中国才能赚更多的钱，才能在员工收入、环境保护和其他方面进行更大的投入。这意味着中国需要更好地掌握如何在顾客和潜在顾客的心智中建立品牌和认知，如何应对国内及国际上无处不在的竞争。

这也正是我的许多书能够发挥作用的地方。它们都是关于如何通过在众多竞争者中实现差异化来定位自己的品牌；它们都是关于如何保持简单、如何运用常识以及如何寻求显而易见又强有力的概念。总的来讲，无论你想要销售什么，它们都会告诉你如何成为一个更好的营销者。

我的中国合伙人邓德隆先生正将其中的很多理论在中国加以运用，他甚至为企业家开设了"定位"培训课程。但是，中国如果要建立自己的品牌，正如你们在日本、韩国和世界其他地方所看到的那些品牌，你们依然有很长的路要走。

但有一件事很明了：继续"制造更廉价的产品"只会死路一条，因为其他国家会想办法把价格压得更低。

杰克·特劳特

定位：第三次生产力革命

马克思的伟大贡献在于，他深刻地指出了，以生产工具为标志的生产力的发展，是社会存在的根本柱石，也是历史的第一推动力——大思想家李泽厚如是总结马克思的唯物史观。

第一次生产力革命：泰勒"科学管理"

从唯物史观看，赢得第二次世界大战（以下简称"二战"）胜利的关键历史人物并不是丘吉尔、罗斯福与斯大林，而是弗雷德里克·泰勒。泰勒的《科学管理原理》⊖掀起了人类工作史上的第一次生产力革命，大幅提升了体力工作者的生产力。在

⊖ 本书中文版已由机械工业出版社出版。

泰勒之前，人类的精密制造只能依赖于能工巧匠（通过师傅带徒弟的方式进行培养，且人数不多），泰勒通过将复杂的工艺解构为简单的零部件后再组装的方式，使得即便苏格拉底或者鲁班再世恐怕也未必能造出来的智能手机、电动汽车，现在连普通的农民工都可以大批量制造出来。"二战"期间，美国正是全面运用了泰勒"更聪明地工作"方法，使得美国体力工作者的生产力爆炸式提高，远超其他国家，美国一国产出的战争物资比其他所有参战国的总和还要多——这才是"二战"胜利的坚实基础。

欧洲和日本也正是从"二战"的经验与教训中，认识到泰勒工作方法的极端重要性。两者分别通过"马歇尔计划"和爱德华·戴明，引入了泰勒的作业方法，这才有了后来欧洲的复兴与日本的重新崛起。包括20世纪80年代崛起的"亚洲四小龙"，以及今日的"中国经济奇迹"，本质上都是将体力工作者的生产力大幅提升的结果。

泰勒的贡献不止于此，根据唯物史观，当社会存在的根本柱石——生产力得到发展后，整个社会的"上层建筑"也将得到相应的改观。在泰勒之前，工业革命造成了资产阶级与无产阶级这两大阶级的对峙。随着生产力的发展，体力工作者收入大幅增加，工作强度和时间大幅下降，社会地位上升，并且占据社会的主导地位。前者的"哑铃型社会"充满了斗争与仇恨，后者的"橄榄型社会"则相对稳定与和谐——体力工作者生产力的提升，彻底改变了社会的阶级结构，形成了我们所说的发达国家。

体力工作者工作强度降低，人类的平均寿命因此相应延长。加上工作时间的大幅缩短，这"多出来"的许多时间，主要转向了教育。教育时间的大幅延长，催生了一场更大的"上层建筑"的革命——资本主义的终结与知识社会的出现。1959年美国的人口统计显示，靠知识（而非体力）"谋生"的人口超过体力劳动者，成为劳动人口的主力军，这就是我们所说的知识社会。目前，体力工作者在美国恐怕只占10%左右了。知识社会的趋势从美国为代表的发达国家开始，向全世界推进。

第二次生产力革命：德鲁克"组织管理"

为了因应知识社会的来临，彼得·德鲁克创立了管理这门独立的学科（核心著作是《管理的实践》及《卓有成效的管理者》⊖），管理学科的系统建立与广泛传播大幅提升了组织的生产力，使社会能容纳如此巨大的知识群体，并让他们创造绩效成为可能，这是人类史上第二次"更聪明地工作"。

在现代社会之前，全世界最能吸纳知识工作者的国家是中国。中国自汉代以来的文官制度，在隋唐经过科举制定型后，为知识分子打通了从最底层通向上层的通道。这不但为社会注入了源源不

⊖　这两本书中文版已由机械工业出版社出版。

断的活力，也为人类创造出了光辉灿烂的文化，是中国领先于世界的主要原因之一。在现代社会，美国每年毕业的大学生就高达百万以上，再加上许多在职员工通过培训与进修，从体力工作者转化为知识工作者的人数就更为庞大了。特别是"二战"后实施的《退伍军人权利法案》，几年间将"二战"后退伍的军人几乎全部转化成了知识工作者。如果没有高效的管理，整个社会将因无法消化这么巨大的知识群体而陷入危机。

通过管理提升组织的生产力，现代社会不但消化了大量的知识群体，甚至还创造出了大量的新增知识工作的需求。与体力工作者的生产力是以个体为单位来研究并予以提升不同，知识工作者的知识本身并不能实现产出，必须借助组织这个"生产单位"来利用他们的知识，才可能产出成果。正是管理学让组织这个生产单位创造出应有的巨大成果。

要衡量管理学的成就，我们可以将20世纪分为前后两个阶段来进行审视。20世纪前半叶是人类有史以来最血腥、最残暴、最惨无人道的半个世纪，短短50年的时间内居然发生了两次世界大战，最为专制独裁及大规模的种族灭绝都发生在这一时期。反观"二战"后的20世纪下半叶，直到2008年金融危机为止，人类享受了长达近60年的经济繁荣与社会稳定。虽然地区摩擦未断，但世界范围内的大战毕竟得以幸免。究其背后原因，正是通过恰当的管理，构成社会并承担了具体功能的各个组织，无论是企业、政府、医院、学校，还是其他非营利机构，都能有效地发挥应有的功能，同时让知识工作者获得成就和满足感，从而确保了社会的和谐与稳定。20世纪上半叶付出的代价，本质上而言是人类从农业社会转型为工业社会缺乏恰当的组织管理所引发的社会功能紊乱。20世纪下半叶，人类从工业社会转型为知识社会，虽然其剧变程度更烈，但是因为有了管理，乃至于平稳地被所有的历史学家忽略了。如果没有管理学，历史的经验告诉我们，20世纪下半叶，很有可能会像上半叶一样令我们这些身处其中的人不寒而栗。不同于之前的两次大战，现在我们已具备了足以多次毁灭整个人类的能力。

生产力的发展、社会基石的改变，照例引发了"上层建筑"的变迁。首先是所有制方面，资本家逐渐无足轻重了。在美国，社会的主要财富通过养老基金的方式被知识员工所持有。从财富总量上看，再大的企业家（如比尔·盖茨、巴菲特等巨富）与知识员工持有的财富比较起来，也只是沧海一粟而已。更重要的是，社会的关键资源不再是资本，而是知识。社会的代表人物也不再是资本家，而是知识精英或各类顶级专才。整个社会开始转型为"后资本主义社会"。社会不再由政府或国家的单一组织治理或统治，而是走向由知识组织实现自治的多元化、多中心化。政府只是众多大型组织之一，而且政府中越来越多的社会功能还在不断外包给各个独立自治的社会组织。如此众多的社会组织，几乎为每个人打开了"从底层通向上层"的通道，意味着每个人都可以通过获得知识而走向成功。当然，这同时也意味着不但在同一知识或特长领域中竞争将空前激烈，而且在不同知识领域之间也充满着相互争辉、相互替代的竞争。

正如泰勒的成就催生了一个知识型社会，德鲁克的成就则催生了一个竞争型社会。对于任何一个社会任务或需求，你都可以看到一大群管理良好的组织在全球展开争夺。不同需求之间还可以互相替代，一个产业的革命往往来自另一个产业的跨界打劫。这又是一次史无前例的社会巨变！人类自走出动物界以来，上百万年一直处于"稀缺经济"的生存状态中。然而，在短短的几十年里，由于管理的巨大成就，人类居然可以像儿童置身于糖果店中一般置身于"过剩经济"的"幸福"状态中。然而，这却给每家具体的企业带来了空前的生存压力，如何从激烈的竞争中存活下去。人们呼唤第三次生产力革命的到来。

第三次生产力革命：特劳特"定位"

对于企业界来说，前两次生产力革命，分别通过提高体力工作者和知识工作者的生产力，大幅提高了企业内部的效率，使得企业可以更好更快地满足顾客需求。这两次生产力革命的巨大成功警示企业界，接下来他们即将面临的最重大的挑战，将从管理企业的内部转向管理企业的外部，也就是顾客。德鲁克说，"企业存在的唯一目的是创造顾客"，而特劳特定位理论，将为企业创造顾客提供一种新的强大的生产工具。

竞争重心的转移

在科学管理时代，价值的创造主要在于多快好省地制造产品，因此竞争的重心在工厂，工厂同时也是经济链中的权力中心，生产什么、生产多少、定价多少都由工厂说了算，销售商与顾客的意愿无足轻重。福特的名言是这一时代权力掌握者的最好写照——你可以要任何颜色的汽车，只要它是黑色的。在组织管理时代，价值的创造主要在于更好地满足顾客需求，相应地，竞争的重心由工厂转移到了市场，竞争重心的转移必然导致经济权力的同步转移，离顾客更近的渠道商就成了经济链中的权力掌握者。互联网企业家巨大的影响力并不在于他们的财富之多，而在于他们与世界上最大的消费者群体最近。而现在，新时代的竞争重心已由市场转移至心智，经济权力也就由渠道继续前移，转移至顾客，谁能获取顾客心智的力量，谁就能摆脱渠道商的控制而握有经济链中的主导权力。在心智时代，顾客选择的力量掌握了任何一家企业、任何渠道的生杀大权。价值的创造，一方面来自企业因为有了精准定位而能够更加高效地使用社会资源，另一方面来自顾客交易成本的大幅下降。

选择的暴力

杰克·特劳特在《什么是战略》开篇中描述说："最近几十年里，商业发生了巨变，几乎每个品类可选择的产品数量都有了出人意料的增长。例如，在 20 世纪 50 年代的美国，买小汽车就是在通用、福特、克莱斯勒或美国汽车这四家企业生产的车型中挑选。今天，你要在通用、福特、克莱斯勒、丰田、本田、大众、日产、菲亚特、三菱、雷诺、铃木、宝马、奔驰、现代、大宇、马自达、五十铃、起亚、沃尔沃等约 300 种车型中挑选。"甚至整个汽车品类都将面临高铁、短途飞机等新一代跨界替代的竞争压力。汽车业的情形，在其他各行各业中都在发生。移动互联网的发展，更是让全世界的商品和服务来到我们面前。如何对抗选择的暴力，从竞争中胜出，赢得顾客的选择而获取成长的动力，就成了组织生存的前提。

这种"选择的暴力"，只是展示了竞争残酷性的一个方面。另一方面，知识社会带来的信息爆炸，使得本来极其有限的顾客心智更加拥挤不堪。根据哈佛大学心理学博士米勒的研究，顾客心智中最多也只能为每个品类留下七个品牌空间。而特劳特先生进一步发现，随着竞争的加剧，最终连七个品牌也容纳不下，只能给两个品牌留下心智空间，这就是定位理论中著名的"二元法则"。在移动互联网时代，特劳特先生强调"二元法则"还将演

○ 本书中文版已由机械工业出版社出版。

进为"只有第一,没有第二"的律则。任何在顾客心智中没有占据一个独一无二位置的企业,无论其规模多么庞大,终将被选择的暴力摧毁。这才是推动全球市场不断掀起并购浪潮的根本力量,而不是人们通常误以为的是资本在背后推动,资本只是被迫顺应顾客心智的力量。特劳特先生预言,与未来几十年相比,我们今天所处的竞争环境仍像茶话会一般轻松,竞争重心转移到心智将给组织社会带来空前的紧张与危机,因为组织存在的目的,不在于组织本身,而在于组织之外的社会成果。当组织的成果因未纳入顾客选择而变得没有意义甚至消失时,组织也就失去了存在的理由与动力。这远不只是黑格尔提出的因"历史终结"带来的精神世界的无意义,而是如开篇所引马克思的唯物史观所揭示的,关乎社会存在的根本柱石发生了动摇。

走进任何一家超市,或者打开任何一个购物网站,你都可以看见货架上躺着的大多数商品,都是因为对成果的定位不当而成为没有获得心智选择力量的、平庸的、同质化的产品。由此反推,这些平庸甚至是奄奄一息的产品背后的企业,及在这些企业中工作的人们,他们的生存状态是多么地令人担忧,这可能成为下一个社会急剧动荡的根源。

吊诡的是,从大数据到人工智能等科技创新不但没能缓解这一问题,反而加剧了这种动荡。原因很简单,新科技的运用进一步提升了组织内部的效率,而组织现在面临的挑战主要不在内部，而是外部的失序与拥挤。和过去的精益生产、全面质量管理、流程再造等管理工具一样，这种提高企业内部效率的"军备竞赛"此消彼长，没有尽头。如果不能精准定位，企业内部效率提高再多，也未必能创造出外部的顾客。

新生产工具：定位

在此背景下，为组织准确定义成果、化"选择暴力"为"选择动力"的新生产工具——定位（positioning），在 1969 年被杰克·特劳特发现，通过大幅提升企业创造顾客的能力，引发第三次生产力革命。在谈到为何采用"定位"一词来命名这一新工具时，特劳特先生说："《韦氏词典》对战略的定义是针对敌人（竞争对手）确立最具优势的位置（position）。这正好是定位要做的工作。"在顾客心智（组织外部）中针对竞争对手确定最具优势的位置，从而使企业胜出竞争赢得优先选择，为企业源源不断地创造顾客，这是企业需全力以赴实现的成果，也是企业赖以存在的根本理由。特劳特先生的核心著作是《定位》⊖《商战》⊜和《什么是战略》，我推荐读者从这三本著作开始学习定位。

定位引领战略

1964 年，德鲁克出版了《为成果而管理》⊗一书，二十年后他

⊖⊜⊗　这三本书中文版已由机械工业出版社出版。

回忆说，其实这本书的原名是《商业战略》，但是出版社认为，商界人士并不关心战略，所以说服他改了书名。这就是当时全球管理界的真实状况。然而，随着前两次生产力革命发挥出巨大效用，产能过剩、竞争空前加剧的形势，迫使学术界和企业界开始研究和重视战略。一时间，战略成为显学，百花齐放，亨利·明茨伯格甚至总结出了战略学的十大流派，许多大企业也建立了自己的战略部门。战略领域的权威、哈佛商学院迈克尔·波特教授总结了几十年来的研究成果，清晰地给出了一个明确并且被企业界和学术界最广泛接受的定义："战略，就是创造一种独特、有利的定位。""最高管理层的核心任务是制定战略：界定并宣传公司独特的定位，进行战略取舍，在各项运营活动之间建立配称关系。"波特同时指出了之前战略界众说纷纭的原因，在于人们未能分清"运营效益"和"战略"的区别。提高运营效益，意味着比竞争对手做得更好；而战略意味着做到不同，创造与众不同的差异化价值。提高运营效益是一场没有尽头的军备竞赛，可以模仿追赶，只能带来短暂的竞争优势；而战略则无法模仿，可以创造持续的长期竞争优势。

定位引领运营

企业有了明确的定位以后，几乎可以立刻识别出企业的哪些运营动作加强了企业的战略，哪些运营动作没有加强企业的战略，甚至和战略背道而驰，从而做到有取有舍，集中炮火对着同一个城墙口冲锋，"不在非战略机会点上消耗战略竞争力量"（任正非语）。举凡创新、研发、设计、制造、产品、渠道、供应链、营销、投资、顾客体验、人力资源等，企业所有的运营动作都必须能够加强而不是削弱定位。

比如美国西南航空公司，定位明确之后，上下同心，围绕定位建立了环环相扣、彼此加强的运营系统：不提供餐饮、不指定座位、无行李转运、不和其他航空公司联程转机、只提供中等规模城市和二级机场之间的短程点对点航线、单一波音737组成的标准化机队、频繁可靠的班次、15分钟泊机周转、精简高效士气高昂的员工、较高的薪酬、灵活的工会合同、员工持股计划等，这些运营动作组合在一起，夯实了战略定位，让西南航空能够在提供超低票价的同时还能为股东创造丰厚利润，使得西南航空成为一家在战略上与众不同的航空公司。

所有组织和个人都需要定位

定位与管理一样，不仅适用于企业，还适用于政府、医院、学校等各类组织，以及城市和国家这样的超大型组织。例如岛国格林纳达，通过从"盛产香料的小岛"重新定位为"加勒比海的原貌"，从一个平淡无奇的小岛变成了旅游胜地；新西兰从"澳大利亚旁边的一个小国"重新定位成"世界上最美丽的两个岛屿"；比利时从"去欧洲旅游的中转站"重新定位成"美丽的比利时，有五个阿姆斯特丹"等。目前，有些城市和景区因定位不当而导致生产力低下，出现了同质化现象，破坏独特文化价值的事时有发生……同样，我们每个人在社会中也一样面临竞争，所以也需要找到自己的独特定位。个人如何创建定位，详见"定位经典丛书"之《人生定位》[⊖]，它会教你在竞争中赢得雇主、上司、伙伴、心上人的优先选择。

定位客观存在

事实上，已不存在要不要定位的问题，而是要么你是在正确、精准地定位，要么你是在错误地定位，从而根据错误的定位配置企业资源。这一点与管理学刚兴起时，管理者并不知道自己的工作就是做管理非常类似。由于对定位功能客观存在缺乏"觉悟"，即缺乏自觉意识，企业常常在不自觉中破坏已有的成功定位，挥刀自戕的现象屡屡发生、层出不穷。当一个品牌破坏了已有的定位，或者企业运营没有遵循顾客心智中的定位来配置资源，不但造成顾客不接受新投入，反而会浪费企业巨大的资产，甚至使企业毁灭。读者可以从"定位经典丛书"中看到诸如 AT&T、DEC、通用汽车、米勒啤酒、施乐等案例，它们曾盛极一时，却因违背顾客心智中的定位而由盛转衰，成为惨痛教训。

⊖ 本书中文版已由机械工业出版社出版。

创造"心智资源"

　　企业最有价值的资源是什么？这个问题的答案是一直在变化的。100 年前，可能是土地、资本；40 年前，可能是人力资源、知识资源。现在，这些组织内部资源的重要性并没有消失，但其决定性的地位都要让位于组织外部的心智资源（占据一个定位）。没有心智资源的牵引，其他所有资源都只是成本。企业经营中最重大的战略决策就是要将所有资源集中起来抢占一个定位，使品牌成为顾客心智中定位的代名词，企业因此才能获得来自顾客心智中的选择力量。所以，这个代名词才是企业生生不息的大油田、大资源，借用德鲁克的用语，即开启了"心智力量战略"（mind power strategy）。股神巴菲特之所以几十年都持有可口可乐的股票，是因为可口可乐这个品牌本身的价值，可口可乐就是可乐的代名词。有人问巴菲特为什么一反"不碰高科技股"的原则而购买苹果的股票，巴菲特回答说，在我的孙子辈及其朋友的心智中，iPhone 的品牌已经是智能手机的代名词，我看重的不是市场份额，而是心智份额（大意，非原语）。对于巴菲特这样的长期投资者而言，企业强大的心智资源才是最重要的内在价值及"深深的护城河"。

　　衡量企业经营决定性绩效的方式也从传统的财务盈利与否，转向为占有心智资源（定位）与否。这也解释了为何互联网企业即使不盈利也能不断获得大笔投资，因为占有心智资源（定位）本身就是最大的成果。历史上，新生产工具的诞生，同时会导致新生产方

式的产生，这种直取心智资源（定位）而不顾盈利的生产方式，是
由新的生产工具带来的。这不只发生在互联网高科技产业，实践证
明传统行业也完全适用。随着第三次生产力革命的深入，其他产业
与非营利组织将全面沿用这一新的生产方式——第三次"更聪明地
工作"。

伟大的愿景：从第三次生产力革命到第二次文艺复兴

第三次生产力革命将会对人类社会的"上层建筑"产生何种积
极的影响，现在谈论显然为时尚早，也远非本文、本人能力所及。
但对于正大步迈入现代化、全球化的中国而言，展望未来，其意义
非同一般。我们毕竟错过了前面两次生产力爆炸的最佳时机，两
次与巨大历史机遇擦肩而过（万幸的是，改革开放让中国赶上了这
两次生产力浪潮的尾声），而第三次生产力浪潮中国却是与全球同
步。甚至，种种迹象显示：中国很可能正走在第三次生产力浪潮的
前头。继续保持并发展这一良好势头，中国大有希望。李泽厚先生
在他的《文明的调停者——全球化进程中的中国文化定位》一文中
写道：

注重现实生活、历史经验的中国深层文化特色，在缓和、解决
全球化过程中的种种困难和问题，在调停执着于一神教义的各宗
教、文化的对抗和冲突中，也许能起到某种积极作用。所以我曾

说，与亨廷顿所说相反，中国文明也许能担任基督教文明与伊斯兰教文明冲突中的调停者。当然，这要到未来中国文化的物质力量有了巨大成长之后。

随着生产力的发展，中国物质力量的强大，中国将可能成为人类文明冲突的调停者。李泽厚先生还说：

中国将可能引发人类的第二次文艺复兴。第一次文艺复兴，是回到古希腊传统，其成果是将人从神的统治下解放出来，充分肯定人的感性存在。第二次文艺复兴将回到以孔子、庄子为核心的中国古典传统，其成果是将人从机器的统治下（物质机器与社会机器）解放出来，使人获得丰足的人性与温暖的人情。这也需要中国的生产力足够发展，经济力量足够强大才可能。

历史充满了偶然，历史的前进更往往是在悲剧中前行。李泽厚先生曾提出一个深刻的历史哲学：历史与伦理的二律背反。尽管历史与伦理二者都具价值，二者却总是矛盾背反、冲突不断，一方的前进总要以另一方的倒退为代价，特别是在历史的转型期更是如此。正是两次世界大战付出了惨重的伦理道德沦陷的巨大代价，才使人类发现了泰勒生产方式推动历史前进的巨大价值而对其全面采用。我们是否还会重演历史，只有付出巨大的代价与牺牲之后才能真正重视、了解定位的强大功用，从而引发第三次生产力革命的大爆发呢？德鲁克先生的实践证明，只要知识阶层肩负起对社会的担当、责任，我们完全可以避免世界大战的再次发生。在取得这一辉煌的管理成就之后，现在再次需要知识分子承担起应尽的责任，将目光与努力从组织内部转向组织外部，在顾客心智中确立定位，引领组织内部所有资源实现高效配置，为组织源源不断创造顾客。

现代化给人类创造了空前的生产力，也制造了与之偕来的种种问题。在超大型组织巨大的能力面前，每一家小企业、每一个渺小的个人，将如何安放自己，找到存在的家园？幸运的是，去中心化、分布式系统、网络社群等创新表明，人类似乎又一次为自己找到了进化的方向。在秦制统一大帝国之前，中华文明以血缘、家族为纽带的氏族部落体制曾经发展得非常充分，每个氏族有自己独特的观念体系："民为贵""以义合""合则留，不合则去"等。不妨大胆地想象，也许未来的社会，将在先进生产力的加持下，呈现为一种新的"氏族社会"，每个人、每个组织都有自己独特的定位，以各自的专长、兴趣和禀赋为纽带，逐群而居，"甘其食，美其服，安其居，乐其俗"，从而"各美其美，美人之美，美美与共，天下大同"。人类历史几千年的同质性、普遍性、必然性逐渐终结，每个个体的偶发性、差异性、独特性日趋重要，如李泽厚先生所言："个体积淀的差异性将成为未来世界的主题，这也许是乐观的人类的未来，即万紫千红百花齐放的个体独特性、差异性的全面实现。"在这个过程中，企业也将打破千篇一律的现状，成为千姿百态生活的创造者，生产力必然又一次飞跃。

　　人是目的，不是手段。这种丰富多彩、每个个体实现自己独特创造性的未来才是值得追求的。从第三次生产力革命到第二次文艺复兴，为中国的知识分子提供了一个创造人类新历史的伟大愿景。嘻嘻！高山仰止，景行行止，壮哉伟哉，心向往之……

邓德隆

特劳特伙伴公司全球总裁

写于 2011 年 7 月

改于 2021 年 11 月

寓言背后的故事

我已经在营销领域摸爬滚打了几十年。这些年里，我进出于世界各地不同的企业，接触到各种人们难以想象的行业，几乎涵盖了从电脑到棺材的各类产品。

此外，我也一直周游世界为商界人士授课。我注意到，无论他们是否接受过专业训练，在营销方面，他们总是反复提出同样的问题。

他们提及的这些问题，以及当今许多企业普遍面临的营销困境，促使我写这本书来回答一些营销中至关重要的问题。如果你刚成为一名CEO，并且没有接受过多少营销方面的历练，那么本书对你尤为重要。

对于这些根本性问题，如果你期望得到烦琐或复杂的答案，那么本书并不适合你；相反，如果你寻求的是一本关于营销的简明读本，那么本书再合适不过了。当面临营销方面的困惑时，你可以反复阅读本书，它是我多年商业经验的结晶。

也许你会发现这些答案在我的其他书里也有涉及，但不同的是，本书是专为那些可能连基本问题都提不出来的管理者所写的。如今诸多企业在市场中陷入困境，我相信有很多人在寻求解决之道，希望本书可以帮到大家。

杰克·特劳特

A GENIE'S
WISDOM

第 1 章

01

精灵驾到

　　我是居住在这台电脑里的精灵，我来此是为了回答你有关营销的 10 个最重要的问题。

在联合器件（国际）公司的财务部门工作 23 年后，拜拉姆 J. 比格德姆（Byram J. Bigdome）（以下简称"拜拉姆"）晋升为首席执行官（CEO），突然间，他的电话、短信、语音留言、电子邮件及会议猛增起来，很快他便忙得无法招架。

拜拉姆不得不应付部门规划、财务预算、员工琐事、董事会和华尔街。每个人都试图向他推销某种想法或建议；每次会议，一旦遇到难题，所有的目光都会转向他，期待他来定夺。做 CEO 似乎比攀爬到这个职位还要艰辛，而最令拜拉姆头疼的是面对营销主管的时候。他非常清楚，品牌的管理与提升直接影响到他能否继续待在这个位子上，同时他也意识到自己营销知识的匮乏。

他能向谁求助？谁又值得信赖？显而易见，如果他不能提出正确的营销方针，他的地位恐怕会岌岌可危。商业媒体充斥着太多 CEO 下课的故事——在锣鼓声中登场，在哀伤乐曲中隐退。他们的职业生涯和美国橄榄球教练一样短，不同的是，教练可以返聘，而许多 CEO 虽然在金钱上"满载而归"，但结局往往是名誉扫地。他们会被当成失败案例广泛讨论和传播，大部分再也找不到新的"高层"职位，事实上，他们找"任何"

工作都成问题。

这些思虑困扰着拜拉姆，他该向谁求助？又如何避免致命性的错误？

一天早上，拜拉姆走进办公室，发现办公桌上摆着一台崭新的电脑。他叫来助理问道："桌上的电脑是哪儿来的？"助理和他一样惊讶："我不知道，昨天还没看到，也没听说过要换电脑，等我联系一下 IT 部门。"

房间里只剩下拜拉姆一个人，他忍不住走到电脑旁，并按下电源键。接下来发生的事情令他非常震惊。电脑屏幕上出现了一个精灵，它系着头巾，看上去像是来自一部古老的阿拉丁电影。

接着，更加神奇的事情发生了，精灵居然开口说话："主人，我是居住在这台电脑里的精灵，我来此是为了回答你有关营销的 10 个最重要的问题。"

拜拉姆不知道说什么，他结结巴巴地说："我以为只有瓶子里才会冒出精灵。"

精灵答道："那是过去的事了，现在已是互联网时代。而且，因为大多数的请求都是关于金钱的，所以我们就搬进了能创造大量财富的商业世界。对于精灵而言，电脑是个完美的栖居地，它有屏幕和声音，这样我们就不用释放烟雾进出瓶子，还可以减少污染，精灵也要有环保意识啊。总之，我被分配到这台电脑，是你把我召唤出来的。"

拜拉姆满怀期待地问："你能实现我的愿望吗？"

"不能。正如我刚才所说，我们只能'在商言商'，回答你在管理联合器件公司所碰到的营销问题，我不会解答人生问题或者实现任何愿望。在开始之前我得顺便说一下，这件事仅限你我知道。"

拜拉姆停顿了一下，说："等一下，精灵怎么成了营销专家呢？你们擅长营销吗？你们不是专门帮助人们实现愿望吗？你怎么能让我相信你说的话？"

精灵停顿了一下，然后回答道："这些问题很好，不算在你10个问题里面。我们精灵研读过12 831本营销书籍，当然其中大部分没有多大价值。同时，有一点非常重要，我们研究过各类企业过去20年甚至更长时间的成败得失，而营销成败必须从较长的时期来观察论证才能得以判断。显然，我们有数千年的阅历，所以擅长用长远的视角来观察商业。人类往往短视，而且喜新厌旧，很少跟踪发掘事情背后的本质。"

拜拉姆还是有点怀疑，继续问道："好吧，但这对你们有什么好处？为什么要帮助我？我所知道的精灵故事，是帮助你逃离瓶子，当然现在指电脑，然后你就可以重获自由了。"

"不要傻了，"精灵答复道，"我们现在这样做都是为了投资，无关自由的事。我们在全球设有共同基金，投资了很多企业，然后帮助高层解决营销问题。难道你认为比尔·盖茨、杰克·韦尔奇赚那么多钱都是靠他们自己吗？"

拜拉姆怀疑地问："难道你帮助过他们？"

"是的！"精灵迅速答道，"还获得了可观的收益。"

"你们为什么不去阻止互联网泡沫破灭呢？"拜拉姆问。他还是无法将一个精灵当成自己的导师。

精灵回答说："我们钟情于有形资产，过去是黄金、珠宝和土地等。互联网企业没有资产，而且经营这些企业的 CEO 都是些没有经验的毛头小子，他们总想打一些愚蠢、自鸣得意的广告。如果他们连问什么问题都不知道，又如何能帮到他们呢？"

精灵继续说道："我说得差不多了，这只是一笔交易。当你有营销方面的问题时，打开电脑，我就会出来解答，但只限于 10 个问题，然后我就去下一家企业。所以，请认真思考，不要问那些诸如'如何在亚特兰大提高销量'这样的愚蠢问题，要挑最重要的问题来问，否则就是浪费我的时间，也不要期望得到

如果他们连问什么问题都不知道，又如何能帮到他们呢？

冗长而复杂的答案，我习惯将事物简单化并直取本质。"

话音刚落，屏幕已变成空白，剩下拜拉姆目瞪口呆地盯着屏幕。

这时，助理走进来，拜拉姆才回过神来。助理说："我查不到这台电脑来自哪儿，要不要把它搬走？"

"不用，把它留在这里吧，我可能有需要。"

拜拉姆始终盯着这台电脑，他思忖道："这是真的吗？一个超级营销顾问就在我的电脑里？这就是我需要的帮助吗？"

从此，这位 CEO 踏上了修炼营销本领的奇妙旅程。

第 2 章

02

营销的本质是什么

　　在创立了自己的主打品牌之后，就要不断利用它的协同效应。

拜拉姆一上任，他就干了任何一位激情满满的新任 CEO（尤其财务出身）都会做的事情——降低成本。

几轮成本削减后，他意识到，业务增长仅靠降低成本是不够的。于是，他和高级营销经理们开了个会，探讨如何更好地销售产品。

会议还没进行到 5 分钟，就冒出各种令人费解的术语——超级品牌、子品牌、市场细分、协同效应、核心价值、配称和心理驱动与角色等。营销复杂得似乎需要一本专业词典来注解。

很快，拜拉姆就目光呆滞了，他不自主地思考如何继续降低成本。当他再也无法理解经理们所说的内容时，他终止了会议，逃回了办公室。他直接走到电脑前，呼唤出精灵，提出了第一个问题：营销的本质是什么？

精灵的营销智慧

"营销并不像你擅长的财务那样简单。"精灵说道。

"的确如此。"拜拉姆咕哝着，瘫坐到椅子里。

精灵掠过一丝笑容，说道："你想要美国营销协会对营销的定义吗？"

"是什么？"拜拉姆立刻追问道，"但
这不能算我的一个问题。"

"营销就是对创意、产品和服务进行
设计、定价、促销和分销的计划与实施
的过程，从而开创、交换及满足个人和
组织的需求。"精灵答复道。

拜拉姆哼了一下，继续听精灵说下
去："但是，当你绕过书中这些花哨的术
语时，营销就变得简单多了。"

这时，拜拉姆有点恼怒了，"别再卖
关子了，精灵说话应该简明扼要。"

"好吧，"精灵答复道，"简而言之，
营销就是如何将产品或服务销售出去，
并从中获利。"

拜拉姆看着精灵："我知道这个，
但应该还有别的吧，是不是有点过于简
单了？"

"这正是营销的本质，"精灵打断道，
"营销就是化繁为简，直取目的，即把
产品卖出去。我来打个比方，出色的营
销相当于制作一部电影，将琐碎细节拼

简而言之，营销就是如
何将产品或服务销售出
去，并从中获利。

凑在一起，讲述一个故事。许多年前，一位著名的电影制作人说，有无数人带着电影构思去找他，每次他都会递上自己的名片，要求对方将构思写在名片的反面。当对方抱怨空间不够时，他会说：'如果你不能把构思写进一张名片，那么你的构思还不足以造就一部伟大的作品。'"

拜拉姆打断精灵，说："那么是不是可以说，营销就像拍一部电影，产品就是主角。电影中的每个人、每件事都在叙述一个简单的故事，告诉顾客我的产品如何与众不同，为什么要选择我的产品而不是其他人的。"

"大致就是这个意思，"精灵继续说道，"如果你的产品解决了行业的某个问题，那么你首先要尽可能地放大这个问题及其重要性，然后隆重推出你的产品作为解决之道。如果是新一代产品，你先要介绍市场上已有的产品，以此戏剧化地突出产品新在哪里。如果你面对一个强大的竞争对手，你要解释为什么

营销就像拍一部电影，产品就是主角。电影中的每个人、每件事都在叙述一个简单的故事，告诉顾客我的产品如何与众不同，为什么要选择我的产品而不是其他人的。

你的产品是更好的替代选择，而不要和竞争对手讲一模一样的故事。"

拜拉姆笑着说："你最近看过什么精彩的'电影'吗？"

"当然有，"精灵答道，"是劳氏家居建材零售店（Lowe's Home Improvement Warehouses，简称"劳氏"）的CEO罗伯特·蒂尔曼（Robert Tillman）的作品，这是当今零售业最好的电影之一。"

改善家居建材店

精灵接着说："家得宝（Home Depot）以大店称霸建材零售业，而劳氏以小店为主。出于对公司前景的担忧，蒂尔曼开始开了一些大店，并确立一个差异化——将目标顾客设定为女性消费者，而不是专业施工队。这些店的购物环境更整洁舒适，也没有包工头所需的笨重商品。它向非专业的家装顾客输出一个核心信息：改善家居建材店。"

拜拉姆打断道："票房表现如何？"

精灵侧身探出电脑，说道："看看这些数字。2002年第一季度，家得宝单店销售额增长5%；劳氏同期开了46家店，业绩却更好，老店销售额增长7.5%，季度利润跃升54%，达3.46亿美元。家得宝利润仅增长了35%，为8.46亿美元。2002年，劳氏的股价攀升31.1%，而家得宝下跌19.6%。"

拜拉姆评论道："这的确是一部大卖的电影。"

精灵论预算

基于财务出身，拜拉姆又问道："如何制定出合适的营销预算，确保钱花得合理？"

"我知道你会问这个问题，"精灵答道，"让我们从联合器件公司这类拥有多种产品的企业谈起。在这样的企业里，财务预算通常被零碎划分，即每个产品有自己的预算。从我的经验来看，很多企业会根据每个产品的销量来定预算。

"关于预算，我听到最多的问题是：'公司的营销费用应该占销售额的百分之多少？'我的答案是：'足够做好营销。'"

"常规的预算制定方式存在两个问题：一方面，销量小的产品往往预算不足；另一方面，已经在市场上打开销售局面的产品，通常会获得大部分预算，而不管需不需要。哪个产品经理会说自己的

关于预算，我听到最多的问题是："公司的营销费用应该占销售额的百分之多少？"我的答案是："足够做好营销。"

预算太多或有点浪费呢？"

拜拉姆评论道："这个听上去很熟悉。那么基本原则是什么？"

精灵继续说道："**第一步：根据每种产品的生命周期制定营销规划**。分析一下，这是不是一个新市场？竞争对手强不强？差异化是什么？消费者对你的产品和竞品的认知分别是什么？这些规划必须基于客观事实，不能有任何主观臆断。

"**第二步：为各种产品的市场机会进行排序**。这里可以用数据说话。例如，工作做到位的情况下，哪类产品能贡献最大的利润？哪些产品或服务能获得溢价？这是一个能建立行业领导地位的新一代产品，还是面对强大竞争对手的平庸产品？

"这个步骤需要鉴别力，因为谁都不能预测未来。你要做的是为每个产品或服务评级，识别出哪些最有可能实现最大回报。

"我给你一个评级的窍门，那就是评估每个产品的竞争环境。竞争越弱，越有机会成功。对阵强大对手可不好玩。

"**第三步：分配广告资源**。由于广告是营销中花费最多的部分，所以要让广告费花在最有价值的地方，确保有足够的钱将差异化故事传达给目标顾客。

"例如，广告在为新产品或新主张打响知名度方面非常有效，或者在与竞品做比较和戏剧化地传递差异化方面，广告也很有用。

"但是，如果期望用广告去说服或者改变顾客心智，效果就不行了。如果不是为了建立差异化，而仅仅是为了取悦顾客，广告的作用也非常弱。

"**第四步：按等级分配资源，发现不足时应立刻停止**。在这一点上，CEO 就得心狠一些。各个项目按照盈利能力和成功率优先排序后，要从高到低分配资源。如果企业只能支付三个大项目，那就只做这三个；如果预算不足，排在后面的项目就应该搁置，留待明年重新评级。虽然这会让某些高管咬牙切齿，但做计划就是避免将有限的资金分散到过多的项目上，否则只会让所有的努力付之东流。目的是用最大的投入获取最大的回报。"

要让广告费花在最有价值的地方，确保有足够的钱将差异化故事传达给目标顾客。

执行跟进的重要性

精灵继续说道："挑选好项目后，就得遵循罗伯特·霍尔（Robert Hall）的一句名言：'将一个好想法付诸行动胜过仅仅拥有一个好想法。'"

将一个好想法付诸行动胜过仅仅拥有一个好想法。

拜拉姆渐渐明白了，说道："你所说的是，一旦确立了有望取得成功的差异化故事后，就必须倾尽全力将它传递到位，而营销就是一系列协调执行落地的工作。"

精灵继续说道："执行落地是好计划和好结果之间的桥梁，这正是营销的工作。它要求关注每一个细节，并且执行到位。正所谓，小石块容易绊倒人，大山却永远不会绊倒人。"

"还有别的吗？"拜拉姆问道。

"还有，"精灵继续道，"执行跟进也意味着牢牢抓住老顾客不放。这方面，科技手段可以帮助企业维系顾客，让顾客觉得自己受到重视。一旦出了问题，要立刻向顾客真诚道歉，并给予某些补偿。有人称为'一对一营销'，我称为'维系顾客'。记住，开发顾客总比维系已有顾客要付出更大的代价。"

开发顾客总比维系已有顾客要付出更大的代价。

分销渠道的重要性

拜拉姆提出另外一个问题："营销

圈总在讨论'分销渠道'。在营销过程中，分销渠道到底有多
重要？"

　　精灵答复道："过去，分销渠道并不重要，只要将货物装载
到马车上，运到市场去卖就结束了。如今，分销渠道变得复杂
多了。"

　　"显然，"拜拉姆说道，"有什么好的原则可以遵循吗？"

　　"有一些，"精灵答道，"**一个原则是，分销渠道越扁平，越
有掌控权**。换句话说，商品通过中间商的话，就不得不放弃
部分利润和掌控权。我的一位好学生迈克尔·戴尔（Michael
Dell），绕开电脑零售商进行直销，获得了巨大成功，相比之下，
他的同行就活得很艰难。"

　　"**另一个原则是，永远不要和客户竞争**。一旦选择了某种分
销模式，比如通过小型零售商，就不要贪心在自己的门店销售。
假如这样做的话，零售商会很快失去信心。想要搭建强大的分
销网络，必须忠心于渠道。如果想得到百货商场的衷心支持，
就不要通过它们的竞争对手——大卖场销售产品。"

　　拜拉姆问道："还有别的吗？"

　　精灵笑着说："有，那就是'**让分销商赚到钱**'。分销商赚
钱越多，企业越能得到他们的重视。这意味着，想方设法让你
的产品能吸引到分销商的顾客（最终用户）购买，也就是营销工
作要做好。"

一个警告

拜拉姆开始不那么惧怕营销了，他说："这也不是很难，就是为产品找到一个差异化，再围绕这个差异化制订一整套方案去吸引顾客，然后执行到位。对吗？"

精灵紧盯着拜拉姆，向他发出了警告："没那么简单。大多数情况下，真正有效的差异化很难被识别出来，否则其他人早就采用了。阿尔伯特·加缪（Albert Camus）说过，'伟大的观念就像鸽子一样，悄然降临到这个世界。如果我们仔细聆听，可能会在世人的喧嚣声中听到轻柔的振翅声，那就是生命和希望萌动的声音'。

"机会很难被发现，因为乍一看不像个机会。它们看上去如此简单，并且显而易见，比如更清淡的啤酒、更安全的汽车、专卖玩具的零售店、更好馅料的比萨。营销的职责在于发现差异化，然后将它表述出来，并围绕它形成一整套

营销的职责在于发现差异化，然后将它表述出来，并围绕它形成一整套营销战略，从而发挥它的威力。

营销战略，从而发挥它的威力。"

"怎样才能借鉴他人的成功，并从中学习到东西？"拜拉姆咨询道。

"这是个很好的问题。"精灵答复道，"跟我一样，阅读每一期的《商业周刊》《财富》《福布斯》和《华尔街日报》。这些报刊会分析各个行业，并列举企业的营收状况。分析这些企业的成败故事比读营销书籍有用得多。"

精灵说完，屏幕变得一片空白。

第二次会议

第二天，拜拉姆把营销经理叫进办公室，请他坐下，然后提出要求："我不想从你那里听到什么营销术语，我只想要一份简单的方案，让我们的产品卖得更好。下次向我汇报时，把我当成一位顾客，向我演示介绍产品的电影脚本。告诉我，这部电影的剧情应该是什么，然后围绕它规划出一个可吸引顾客的方案，同时不要忘了加入留住老顾客的部分。"

营销经理问道："那这些方案的费用如何分配？"

拜拉姆笑着说："这里有一个'四步法'可以帮助我们分配明年的预算。遵循这个方法，花钱就会花得明智。"

营销经理盯着"四步法"，脸上无比惊讶。

精 灵 的 智 慧

Marketing is like making a movie
in which your product is the star.
A good movie will sell a lot of tickets.

营销如同拍电影，你的产品就是主角，
而优秀的作品才有好票房。

第 3 章
03

何为打造品牌

　　我们的品牌是理性而消极的，我们想让它变得感性而积极。

也许是因为拜拉姆"突飞猛进"的营销知识让首席营销官感到尴尬，于是他召开了一次关于打造品牌的会议，想借此机会给新老板留下好印象，同时向他解释如何打造和维护品牌。毕竟，这是他的本职工作。

会议过程中，拜拉姆觉得这群营销人员仿佛来自其他国度（或者其他星球）。他们的语言辞藻华丽、含糊不清，会议室中漂浮着诸如"精神、规范、勇气、个性、意识形态、信念"之类的词语，让人头昏脑胀。

当话题进行到"中度对重度的差异信息"以及"独特标识能增进品牌黏性"时，拜拉姆觉得实在是听够了。他假装有个重要电话要接，然后逃回自己的办公室，向精灵询问这些莫名其妙的术语到底是什么。

精灵的品牌智慧

当被问到打造品牌这个课题时，精灵笑了，说道："它在营销学里被小题大做了。最近我搜索了一下，市面上至少有2000本涉及品牌或品牌打造的书籍。在过去仅仅指标志、产品名或公司名，而今却成为一种神秘事物，有着所谓的独特身份和特质。一批批咨询顾问都在试图推销这样或那样的品牌打造体系。让我们把这些都扔一边，回归本源吧。正如华特·朗涛（Walter Landor）⊖说过的，'产品在工厂里生产，而品牌在心智中打造'。"

产品在工厂里生产，而品牌在心智中打造。

拜拉姆打断道："我也是这么想的，品牌名只不过是顾客大脑里的一个词，一个首字母大写的专有名词而已。"

精灵继续说道："你只说对了一半。在美国注册的品牌名或商标有 200 万个左右，而好的名字才能脱颖而出。"

精灵论品牌名称

精灵继续说道："既然品牌在顾客心智中创建，那么营销中最重要的决策就是起名字。名字就像是钩子，用来钩住顾客心智。一个易记的名字使品牌赢在起跑线上，一个糟糕的名字则会带来很

⊖ 朗涛设计顾问公司创始人。——译者注

大的麻烦。"

拜拉姆打断道："给我举个糟糕名字的例子。"

精灵答道："那就是采用首字母缩写的名字，如 USG、NCA 或 AMP 等。从你茫然的眼神中，我就知道你的心智中没有这些品牌。"

拜拉姆问道："这几个品牌规模有多大?"

精灵答复道："这些都是《财富》500 强的大企业，但是完全由首字母构成的名称并不是真正的名称，它们容易被人遗忘。还有一些更名出了问题的例子，比如英国邮政服务曾改名为康塞尼亚（Consignia），一个与邮政服务毫无关联的名称，15 个月后，在媒体无止境的嘲笑声中，它只得重新启用历史上用过的好名称——皇家邮政集团（The Royal Mail Group）。这次更名耗费了大量时间、精力和资金，非常不明智。"

拜拉姆接着问："怎样才算是一个出色的品牌名称?"

精灵答复道："最好的品牌名称通

最好的品牌名称通常和产品利益点直接关联。

常和产品利益点直接关联，比如顽强电池（Die Hard）、一擦净玻璃清洁剂（Windex）或深度护理润肤乳（Intensive Care）。

"另一个窍门是采用听起来顺耳的名称，如爱抚香皂（Caress）或纽特甜甜剂（Nutra Sweet）。在很大程度上，心智依靠耳朵接受信息，因此应该避免那些听起来怪怪的名称，如优耐（UNUM）、安捷伦（Agilent）或奇乐格（Zylog），而应该选择动听的名称，如瑚玛娜（Humana）或讴歌（Acura）。"

拜拉姆打断精灵，说："好吧，我理解什么是好的名牌名称了，那品牌打造又是怎么回事？"

精灵论品牌打造

打造品牌就是为你的产品或企业建立差异化，使其区隔于同品类的竞争对手。

精灵回答道："打造品牌就是为你的产品或企业建立差异化，使其区隔于同品类的竞争对手。正如杰克·特劳特所说的——要么差异化，要么卖低价。"

拜拉姆问道："这不正是大多数营销人的标准作业流程吗？"

"是这样吗？"精灵回答道，"一个名为'哥白尼'（Copernicus）的调研公司跟踪调查了 48 个产品或服务品类的领先品牌，目的是想评测，随着时间的推移，品牌会不会越来越同质化或货品化。"

"结果如何？"拜拉姆问道。

"好吧，我不想拿一堆数字来烦你。"精灵回答道，"结果显示，48 个品类中，有 40 个被发现越来越同质化。"

"为什么会发生这种情况？"拜拉姆问。

"有三个原因，"精灵说，"首先，品牌打造让位给了促销活动；其次，广告由销售导向转向娱乐观众；最后，因为没有清晰的差异化，从而转向了价格诉求。告诉你吧，同质化背后的受益者是沃尔玛和家得宝这类零售商，它们给厂家施加巨大压力，迫使品牌不断降价。如果品牌缺少一个让顾客多付点钱的理由，那么这些零售商就会得逞。"

拜拉姆插话道："为什么企业做不到这一点？"

精灵继续道："难点在于表达差异化，如果产品更快捷、更漂亮、更安全、更新颖，那很容易。很多情况下，你不得不寻求一些非产品本身的特性，如领导地位、最受青睐和历史等。无论选哪一点，都要在此基础上提出一个顾客利益点。许多企业不能理解这一点，它们大肆宣传的只是一句空洞而毫无意义的口号。迈克尔·波特（Michael Porter）说得对，'竞争战略就是要做到与众不同。它意味着有目的地选择一整套不同于竞争者的运营活动，以创造一种独特的价值组合。战略的实质存在于运营活动中——针对外部竞争对手，选择一套不同的运营活动，或者以不同于对手的方式实施运营活动。否则，战略就不过是一句营销口号，经不起竞争的考验'。"

拜拉姆插话道："因此，打造品牌就是在潜在顾客心智中建立品牌和差异化。"

精灵表示赞成："的确如此。"

拜拉姆自豪地宣布："太简单了，像我这样财务出身的都能理解。"

精灵打断道："别急于下结论，我还没告诉你在品牌打造方面最难的部分。"

"是什么？"拜拉姆问道。

"保持聚焦。"精灵答复道。

精灵论聚焦

维护品牌免受内部破坏，有时比打造品牌更难。

精灵继续说道："维护品牌免受内部破坏，有时比打造品牌更难。"

拜拉姆问道："为什么这么说？"

"总的来说，"精灵回答，"是你们这些财务人员给组织施加了压力。管理层为了达到财务指标，开始破坏品牌。"

"比如哪些事情？"拜拉姆问道。

精灵说道："企业为了追求业绩增长，会逐渐让差异化模糊起来。它们进入不该涉足的业务，做了一些侵蚀品牌的事情。例如，万宝路推出薄荷味香烟，凯迪拉克推出小型凯迪拉克，以及保时捷推出 SUV 车型等。有些企业会因此推出子品牌，觉得这样做非常合理，像皇冠假日酒店[⊖]，但顾客感觉这个皇冠版的假日酒店太不实惠了。"

拜拉姆打断道："我能理解低端品牌试图进入高端市场时面临的困难，但反过来又会怎样呢？"

精灵答复道："沃特福特水晶（Waterford Crystal）就曾推出侯爵（Marquis）系列试图进入低端市场。事实上，廉价水晶卖得越多，对沃特福特的品牌损害越大。奔驰也是如此，廉价车型卖得越多，对奔驰豪华、尊贵的声誉侵蚀就越严重。品牌是一种承诺，必须符合顾客的预期。"

拜拉姆又有了新问题："那单一品牌能不能有多种形态或多个型号？"

精灵答道："当然可以，只要不同的形态或型号不偏离品牌差异化就可以。沃尔沃是看上去像坦克一样安全的汽车，那

⊖ 皇冠假日酒店不符合假日酒店在人们心目中物美价廉的认知。——译者注

品牌是一种承诺，必须符合顾客的预期。

么推出敞篷车就与心智不符；耐克是世界顶级运动员所穿戴的品牌，那么推出耐克高尔夫球就不太合理，因为你肯定不能把高尔夫球穿在身上。幸亏它是老虎伍兹的指定用球，正是这一点救了它，毕竟老虎伍兹在用的高尔夫球要比耐克高尔夫球好卖得多。"

拜拉姆看起来很震惊，因为他明显看出这些是愚蠢的行为。他问："这是怎么回事？我非常认同你所说的例子，但为什么人们会做出这样的决策？"

精灵论贪婪

"答案就是，"精灵答道，"贪婪！很多情况下，新上任的管理者会受到华尔街的鼓动，推动品牌越界，这就发生在丽思卡尔顿酒店（The Ritz-Carlton）身上。"

拜拉姆很疑惑："发生了什么事？"

精灵解释说："万豪国际拥有丽思卡尔顿这个品牌，但不拥有酒店所有权，它们被投资者委托管理酒店，以一定比例收益和其他收费作为回报。"

拜拉姆的财务直觉立刻捕捉到了要点:"你的意思是,即使酒店不赚钱,万豪也能赚钱?"

精灵表示赞同:"是的。因此,万豪的目标是尽可能地多开店,甚至在一些完全不适合开的地方,这样下来,丽思卡尔顿就渐渐显得不那么高端了。"

拜拉姆提出另外一个问题:"那应该如何避免失去焦点和破坏品牌呢?"

精灵探出电脑说道:"取舍!也就是,放弃某些业务反而使品牌获益。从长远角度来观察品类时,你会发现增加过多的东西只会削弱增长,而不是维持增长。你增加得越多,差异化就越容易被破坏。取舍有三方面,请做好笔记。"

拜拉姆抓起一支笔:"好,都有什么?"

精灵继续说道:"**首先是产品取舍,或者说聚焦于某一种产品**。例如,金霸王(Duracell)聚焦于碱性电池,肯德基聚焦于炸鸡,西南航空聚焦于短途航空。顺便提一下,西南航空的CEO 赫伯·凯莱赫(Herb Kelleher)是我的一名优秀学生。

"**其次是特性取舍,或者说聚焦于某一种产品特性**。例如,沃尔沃专注于安全,戴尔聚焦于直销电脑,棒约翰聚焦于更好的原料。产品可能有多种特性,但传播的焦点应该聚焦在想要抢占的某个特性上。

"**最后是目标市场取舍,或者说聚焦于某个细分市场,这能**

使品牌在该细分市场中最受青睐。例如，得伟（DeWalt）电动工具聚焦于专业人士，百事可乐聚焦于年轻一代，科尔维特（Corvette）跑车聚焦于崇尚年轻的人。如果同时追求其他细分市场，很可能会失去原有的顾客。"

拜拉姆的总结

> 打造品牌就是将品牌连同差异化植入顾客心智。诀窍就是聚焦在品牌所想要代表的差异化上，而且要尽量避免贪婪。

拜拉姆放下他的笔，说道："我懂了，打造品牌就是将品牌连同差异化植入顾客心智。诀窍就是聚焦在品牌所想要代表的差异化上，而且要尽量避免贪婪。"

精灵笑道："相信你已经领悟到位了，现在要确保你的员工也是如此。"

屏幕又变暗了。

随之而至的备忘录

第二天，拜拉姆给公司的首席营销官和产品经理们发了一份题为"品牌打造：到底是什么"的备忘录。在备忘录里，他记录了与一位国际营销大师的对话内容。他指出，从今往后，这份备忘录将成为企业打造品牌的指导方针，任何与之相左的提案都必须向他汇报。不用说，许多人都纳闷——这位营销大师到底是谁？

他们永远都不会知道。

精灵的智慧

Branding is all about differentiating
your product or company in the mind
of your customer.

品牌打造就是让你的产品或企业在顾客
心智中实现与众不同。

A GENIE'S
WISDOM

第 4 章

04

如何制定产品策略

我们要将品牌资产延伸到市场的每一个角落和每
一条缝隙里去。

拜拉姆发觉自己一直处于审核和批复新产品方案的压力之中。每种新产品推出之前，产品部都保证一定会大获成功。新产品中，有一部分是全新的产品，有些则是现有产品的改进，而有些仅仅是为了跟进竞品。这一切让他感到困惑，因为他缺乏评估这些新产品的模型或框架。

他曾经读到过，90% 的新产品都会失败，每当有人找他批复新产品时，他就会想起这条规律。

拜拉姆得向精灵请教产品方面的问题：如何制定产品策略？

精灵的产品智慧

"这是一个很好的问题。"精灵称赞道，"很少有人问我这个问题，因为人们通常觉得只要有足够的钱，就可以为所欲为。"

"为什么会这样呢？"拜拉姆询问道。

"背后的原因，我称为'乱改进因素'，"精灵接着说，"在为商业人士提供咨询的这些年来，我从未见到哪位营销人士接任后，看一看说，'情况看起来相当棒，不必改动了'。

"当企业有一大堆营销人员时，可以预见，他们会对品牌进行胡乱改进，否则他们就觉得无所事事。接下来，你将会看到一些灾难性的新产品面世，比如蓝色的普瑞尔洗发水（Blue Prell）、水晶百事可乐（Pepsi Crystal）或麦当劳比萨。很不幸，企业内部所认为的'改进'，只会造成顾客心智的混乱。

"让我告诉你一个评估产品的好方法，用一句易记的短语，那就是'数一数二或新东西'。"

精灵论第一

你所要打造的品牌是能成为数一数二或者能够代表一个全新细分品类的品牌。

精灵接着说："你所要打造的品牌是能成为数一数二或者能够代表一个全新细分品类的品牌。我来解释一下，营销的本质是开创一个能够成为第一的品类，这就是'领先法则'——成为第一胜过更好。第一个抢先进入顾客心智比说服别人你的产品更好要容易得多。大多数品类中，领导品牌都是第一个进入顾客心智的，如租车行业的赫兹（Hertz）、电

脑行业的 IBM、汽水行业的可口可乐和
咖啡连锁店中的星巴克。

"**第一个进入顾客心智的品牌能够
保持市场领先的一个原因是，它的名字
常常变成品类的代名词，**如思高胶带
（ Scotch Tape ）、邦迪创可贴（ Bond-Aid ）、
戈尔特斯面料（ Gore-Tex ）、疯狂快干胶
（ Crazy Glue ）、舒洁纸巾（ Kleenex ）以及
Q-Tips 棉签等。

"**另一个原因是，强大的领导者可以
用更好的概念或新一代产品进行自我攻
击，**吉列剃须刀就非常擅长这一方法。
每隔一两年，它们就会进行一次更新换
代 ——Trac Ⅱ、Atra、Sensor 和现在的
锋速 3，所以竞争对手无法超越吉列，这
也是它能保持 65% 市场份额的秘诀所在。

"因此，如果有人提出一个可能在新
品类成为领导者的产品方案，你可以毫
不犹豫地批准它。"

拜拉姆打断道："但如果已经有品牌
占据了第一的位置，该怎么办呢？"

如果有人提出一个可
能在新品类成为领导
者的产品方案，你可
以毫不犹豫地批准它。

精灵论第二

"总有很好的办法成为第一品牌的替代品,"精灵回答说,"但要小心,如果只是提供与第一品牌相同的东西,就无法成功取代领导者。要么利用某项改良攻击第一品牌,要么聚焦于不同的细分市场或顾客群,例如,年纪大的人喝可口可乐比较多,百事可乐就聚焦于年轻人。如果制定出有效的替代战略,第二品牌也可以非常成功。"

拜拉姆插话道:"那么品类中的第三、四名又会怎样?"

精灵听上去有点不耐烦,说道:"我说过要当数一数二,如果是第三名,前景就不容乐观了。如果是第四名,那就会有灭顶之灾。如果怀疑数一数二的力量,看看杰克·韦尔奇(Jack Welch)把这个理念应用在通用电气上所获得的成功吧。"

"你是如何帮助杰克·韦尔奇的?"拜拉姆问。

精灵回答道:"他是一位化学工程师,

如果制定出有效的替代战略,第二品牌也可以非常成功。

对营销一窍不通。有一天，我给他解释了'二元法则'。"

"什么是二元法则？"拜拉姆问。

"长期来看，任何市场都会剩下两匹马赛跑，"精灵回答说，"在电池行业是永备（Eveready）和金霸王，胶卷业是柯达和富士，漱口水是李施德林和斯高（Scope），汉堡店是麦当劳和汉堡王，运动鞋是耐克和锐步，牙膏是高露洁和佳洁士。

"如果长期观察市场，你会发现，每个商战最终都是两大品牌之间艰苦卓绝的斗争——一方是旧有稳固的老品牌，另一方则是新兴品牌。杰克听从了我的建议，要求企业在每个行业中都做到数一数二，否则就卖掉它。"

拜拉姆插话道："因此，第一步是要确保员工在规划产品时，考虑能否成为数一数二，如果数一数二的位置已经被占据，那又该怎么办呢？"

精灵论新事物

"那就变得有趣了。"精灵说，"开创一个新品类是一项大工程，但如果品类已然形成，就找机会开创一个细分品类，营销专家称为'细分市场'。例如，嘉信理财（Charles Schwab）在证券经纪品类里细分成为'折扣经纪商'；戴尔在竞争激烈的个人电脑领域率先细分成为通过电话和互联网直销的电脑品牌；西南航空则在航空业细分成为首家全国性的短途航空公司。这一观点与传统的营销思路相反，传统营销往往是品牌导向，想尽办法让人们喜欢品牌。忘掉品牌，考虑品类吧。提及品牌，顾客总是持防御心理，因为人人都说自家的品牌更好。但提到品类，顾客就会开放心态，因为人们都对新事物感兴趣，而不是对更好的产品。"

精灵论品牌延伸

拜拉姆打断精灵，说："但很多向我汇报的方案，都是现有产品的延伸产品，这样的产品符合你的要求吗？"

精灵把头探出电脑，严厉地说："这就是所谓的'品牌延伸'，你应该像躲避瘟疫一样避开它！"

"品牌延伸到底错在哪里？"拜拉姆问，"好像每个人都在这么做呀。"

精灵答道："这个我知道，但不得不警示我们投资的企业不要陷入这个陷阱。这一点看法不一致，主要是因为双方的视角不同所致。企业从经济角度出发，很容易为了分摊成本和共享渠道，将一个高度聚焦的品牌，即代表某种品类或特性的品牌，延伸为企图代表两三种或更多品类或特性的品牌，然而这样做品牌的焦点就涣散了。

"我们精灵是从心智层面看待品牌延伸。品牌代表的品类越多，顾客对你的认知就越容易模糊，如雪佛兰，它慢慢地变得毫无所指了。"

拜拉姆还希望继续探讨这一话题："难道就没有成功的例子吗？"

精灵回答说："如果是同一特性下的不同产品形态，那是可行的，比如宝马 7 系、5 系、3 系甚至 SUV，它们都是'驾驶机器'。但如果从长远来看，你会发现品牌延伸几乎没什么好处。我曾经看过一项研究，它跟踪了快消品领域 84 种新品的存活率（6 年以上），发现延伸品牌的幸存比例与新创品牌没有多大差异。

"这一研究表明，采用品牌延伸的新品，几乎对企业没有太大帮助。"

> 采用品牌延伸的新品，几乎对企业没有太大帮助。

拜拉姆的总结

"因此，"拜拉姆说，"首先，如果推出新产品，应该力争成为领导品牌。如果已经成为第一，则要用更新、更好的产品不断进行自我攻击。"

精灵赞同道："完全正确。"

拜拉姆接着说："其次，如果不是领

导品牌，我应该确保处于第二位置的品牌进攻市场领导者，努力成为第一品牌强有力的替代品。"

精灵回答道："非常正确。"

"最后，如果品类已然成熟，那么应尽量开创一个细分品类，力争成为该细分品类的领导者。同时，应该避免推出跟风产品和进行品牌延伸。"

精灵再一次表示赞同："对！照此行事，你的新品就会大获成功。"

屏幕白光一闪，精灵消失了。

拜拉姆重整计划

在接下来的几天里，拜拉姆重新审阅了所有部门的产品规划。在一次会议中，他要求产品部推出新一代产品以巩固领导地位，他指出："我们不能坐等竞争对手袭击我们。"

在另一次会议中，他没有看到能够有效挑战领导者的产品策略，他对大家说："如果想成为第一品牌的替代选择，我们该推出什么样的产品？"

几乎在每次会议上，拜拉姆否决了所有品牌延伸的提议。他对内宣布，要求大家转化思维，不能跟风，而是开创细分市场或细分品类。这一切都让全体人员赞叹不已。

当经理们结束会议时，有人禁不住问："那个神秘人是谁呢？"

精灵的智慧

· ·

Winning products are number one or
number two in a category.
Or they should start a new subcategory.

成功的产品应该占据品类数一数二的位
置，或者开创新的细分品类。

A GENIE'S
WISDOM

第 5 章
05

如何正确定价

只要我们把这些图表搞清楚了，就知道价格了。

拜拉姆逐渐意识到一件事情，那就是在他参加的每一次营销或财务会议中，"定价"始终是件头疼的事。几乎是常态，联合器件公司的竞争者总以降价手段攫取市场。每一次会议中，总有人提议通过降价或其他方式来应对竞争。当他试图了解定价机制时，就被灌输一堆复杂的概念，如边际成本、平均成本或需求、成本与利润关系之类的术语。

在一次会议中，当讨论到"价格时间定制与绑定"时，拜拉姆逃离了会议室，前往拜访精灵。他需要一些简单的指导原则来帮助定价。

精灵的定价智慧

"自从人类从事商业活动以来，定价一直是个难题，"精灵说道，"我见过对价格最好的定义是来自公元前一世纪古罗马作家普布利乌斯·赛勒斯（Pubilius Syrus），他写道，'一件货品的价值是买家愿意为它支付的价格'。"

拜拉姆急着插话道："我需要更多的指点。"

精灵继续说道："这只是对价格的初始定义。当今商业竞争现在，切实可行的定价方式要以竞争对手为主要考量。

激烈，顾客面临无数选择，这都是普布利乌斯时代所不存在的。现在，切实可行的定价方式要以竞争对手为主要考量。"

拜拉姆又打断道："这也可以理解，有没有更具体的指导原则？"

"很快说到，"精灵说，"请拿好纸和笔，我会提供一些原则。"

精灵的指导原则

"**首先，需确保定价在合理区间**。市场一旦成熟，价格标准很快被顾客认识与接受，正如我们的罗马朋友所说，'买家愿意为它支付的价格已定'。如果定价过高，就会招致风险。顾客质疑是否多付了，这会使竞争对手有机可乘。

"**其次，人们愿意为可认知的价值多付些钱**。在合理定价范围内，只要让顾客觉得物有所值，他们愿意多支付一些。

"塔吉特折扣商店（Target Discount Stores）就是最好的例子。尽管对阵超市霸主沃尔玛，但塔吉特和很多设计师合作，让人们觉得它是一家'有品位的商店'。也就是说，虽然顾客多花了点钱，但可以买到更优质的商品，而又不比百货店或专卖店贵。反观凯马特（Kmart），它发动了'蓝光特卖'战略，想以低价抗衡沃尔玛，不幸的是，每次都被沃尔玛的'天天低价'所打败。玛莎·斯图尔特（Martha Stewart）⊖和塔吉特合作显然好得多。这就指出了另一条指导原则，那就是'**高品质产品理应定价高一些**'。

"人们愿意为更好的商品多支付一些，但高品质要在产品上有所体现。如果想让顾客多花点钱买一件北面（North Face）户外夹克的话，最好衣服上挂有戈尔特斯面料的标签，并带有'保证干爽'的挂标，这样顾客会更乐意购买。一块昂贵的劳力士手表应该结实耐用，但很多价格只有劳力士几分之一的手表，看起来也一样结实耐用，这就涉及下面一点了。

"**高价产品应彰显身份**。如果我花 5000 美元买了一块劳力士，我希望邻居和朋友都知道我戴的是劳力士，这样他们才知道我是成功人士。豪华车也是如此，顾客从不承认花 5 万美元买一辆车的真正原因其实是为了在朋友或邻居面前炫耀。高价说明什么？说明它很贵。昂贵的价格成了产品附带的优势。雷克萨斯比英菲尼迪卖得多，因为雷克萨斯被认知为是更高档的豪华车。这里要注意的是，必须慎重地为高价寻找一个购买理

⊖ 玛莎·斯图尔特，美国家喻户晓的女企业家、作家及节目主持人，被誉为"家政女王"。她创建以自己姓名命名的家居用品，进驻各大卖场销售。——译者注

由。雷克萨斯宣称'完美制造',劳力士强调'每块手表的制作需耗时一年'。选购高价商品时,人们需要一个合理的理由。

　　"此外,新的进入者往往会用低价做诱饵闯入某一行业。因为领导者强大且地位稳固,新的竞争者通常会采用低价战略。我们不能任由它们抢占市场,而应该尽快找到一种方法来反击它们的价格战。这就是下面要说的一条指导原则——**'高价格和高利润会吸引竞争对手加入'**。

　　"一旦企业获得成功,竞争就会蜂拥而至,企图分一杯羹。聪明的企业不会在此时牟利,相反它们会维持低价,以排挤竞争,最终主导行业。在这方面,我有一位学生做得非常出色,那就是比尔·盖茨。微软为了保持垄断地位,几乎将软件免费赠送给客户。它们的问题是,因为把竞争对手排挤得太厉害,所以导致政府介入。这并非好事,无论官司输赢与否,微软都会为此支付一大笔诉讼费。花在法律上的时间和精力,还不如花在产品开发和营销推广上。

　　"另一个重要的指导原则是,**低价策略难以制胜**。定高价是一回事,采用低价策略则是另一回事。很少有企业仅靠低价取胜,因为每位竞争者手中都有一支笔,能随时标低价格,这样企业的竞争优势也就消失了。正如迈克尔·波特所说,'如果竞争对手也可以像你一样降价,那么降价并非明智之举'。

　　"最后,**价格可能会下跌**。随着产量增加、货币贬值及竞争加剧,原有的做法可能会过时,尤其是大宗商品,价格会下降。

这就需要采取新的战略，比如寻找差异化提供附加值，或者寻找独特的方法削减成本。"

拜拉姆停止做笔记，询问道："如果在一个产能过剩的大宗商品行业里，该怎么办？"

精灵答复道："我给你讲个故事吧。"

扭转美铝公司

精灵继续说道："你应该听说过，美铝公司曾被国外竞争搞得手足无措。当时，像铝、铁这类商品在美国几乎毫无利润而言，所以美铝公司急于寻求多元化，但最后证明这一切都徒劳无功。美铝公司一直从事的是铝制造行业，这才是它们的专长。"精灵露出笑容，继续说，"直到 1988 年，美铝公司来了一位新 CEO。他来自政府机关，对铝和营销一无所知，所以我们找机会帮助了他。"

拜拉姆打断他："你说的是保罗·奥尼尔（Paul O'Neill）——现任财政部长吗？"

"就是他，"精灵说，"也许他做财政部长没什么突出表现，但他却是一名相当出色的 CEO。"

拜拉姆略感惊讶，询问道："你是说，你曾指导过他吗？"

"这有什么奇怪的？"精灵反问道，"他当时需要帮助，而且我们也看到美铝公司具有巨大的投资潜力。"

"那你为他提供了哪些营销建议呢？"拜拉姆问。

"噢，正如所有营销问题一样，我们通过几个简单的步骤指导他扭转局面，这尤其适合价格是关键因素的行业。"

实践过程

精灵继续说："首先，我们让他从市场现实出发，因为这是营销的起点。有人认为营销的关键是加倍努力，发挥才智，或者是设定目标，这都是严重的错误。美铝公司要面临的现实是，客户买不了更多的铝产品，所以必须找到根本的解决方法。"

精灵继续说道："其次，还要考量竞争的因素，美铝公司面临一批强有力的竞争对手。"

"这对奥尼尔意味着什么？"拜拉姆问。

"这意味着，面对诸多竞争，美铝公司很难抬高售价。"精灵回答，"在充分意识到现实处境后，要思考如何销售铝产品并从中获利。"

拜拉姆立刻问道："那奥尼尔决定怎么做？"

精灵探出电脑，小声地说："答案很简单，提高生产率，降低成本。"

"这是显然的，"拜拉姆反击道，"连我都知道。"

"让我告诉你完整的故事。当奥尼尔仔细研究企业生产率后，他发现安全性是一个很大的成本支出，在金属制造行业，工人经常要跟熔融金属和高危设备打交道。"

精灵接着说："他采取各种措施，使美铝公司成为行业中最安全的企业。这些举措让员工觉得公司很关心他们，从而安心工作，因此生产效率大大提升。提高生产率是大宗商品行业的经营法宝。"

实践结果

拜拉姆忍不住问起了业绩："这能带来漂亮的业绩吗？"

精灵微微一笑，说："这些数字听起来怎样？12 年内，奥尼尔让美铝公司的全球市场份额翻了一番，工人数量也增加了一倍多。1993 年，美铝公司的利润为 480 万美元，到了 2000 年，已增长到 15 亿美元。这种摆脱价格战的方式怎样？"

拜拉姆的总结

拜拉姆总结了一下他所学到的东西，说："因此，定价的关键是，弄清楚顾客

定价的关键是，弄清楚顾客愿意为差异化或附加值支付的价格。

愿意为差异化或附加值支付的价格。"

"是的,"精灵说,"但要记住一点,人们只愿意多付一点而不是很多,你必须将价格定在合理范围内。"

屏幕暗了下来。

拜拉姆发布定价原则

第二天,拜拉姆把笔记整理出一份备忘录,并发给每一位参与产品定价的员工。

在接下来的会议中,拜拉姆很少听到关于降价的提议,而更多的是如何实现差异化或增加附加值,他感到很满意。他心里明白,这样做不仅有助于提高企业盈利水平,更有助于他保住工作。

精灵的智慧

. . . .

A price is what a customer will pay for your
point of difference and what your
competitors will let you charge.

价格取决于顾客对差异化的认可度，以
及竞争的强弱。

第 6 章

06

增长是否有限度

涉及股票，销售增长总是越多越好，而持续增长
是最好的。

　　拜拉姆与华尔街金融分析师们召开了第一次电话会议。在成为 CEO 之前，他的主要工作就是为前任 CEO 核算财务数据，但现在则忙于应答如何保持业绩增长的问题。众所周知，"增长"是所有华尔街金融分析师想要听到的，如果没有业绩增长点，或者没有推出新产品的计划，他们就会表露出失望和冷漠。如果会议中出现"下滑""减少"或"负增长"等词语，可以预见分析师们会马上降低对联合器件公司的评价，建议股民抛售股票。

　　尽管拜拉姆对各产品线的业绩增长保持乐观，但也开始怀疑实现预期的可能性以及继续增长的必要性。为了实现增长，是不是采取了不恰当的措施？增长究竟有没有限度？这些问题似乎应该求教于精灵。

精灵的增长智慧

　　"增长的确有限度。"精灵说道，"米尔顿·弗里德曼（Milton Friedman）说得非常好，'我们没有增长的迫切需要，反而有增长的迫切欲望'。

大多数糟糕的营销战略是受到增长欲望的驱动，而欲望来自华尔街的鼓动，华尔街则被贪婪所驱使。

追逐增长还有一个问题，那就是试图满足顾客的所有需求，将本应集中在主战场上的资源浪费在其他无关重要的战场上。

"大多数糟糕的营销战略是受到增长欲望的驱动，而欲望来自华尔街的鼓动，华尔街则被贪婪所驱使。因而，CEO 也追求增长，从而保住位子，提高声望及提升薪金。"

"请举个例子。"拜拉姆有些怀疑。

"好吧，"精灵说，"以华尔街的宠儿思科为例，它的市值在一年内蒸发了 88%。思科有一套优异的电脑系统，可以帮助销售人员预测产品未来的供给与需求状况，但系统的一个核心假设是业绩不断增长。经过 40 个季度的持续增长，他们认为保持增长理所当然。一向乐观的 CEO 约翰·钱伯斯（John Chambers）预言思科会一直保持 50% 的年增长率，但实际上当时的互联网设备市场正在萎缩。4 个月后，思科不得不承认存货严重过剩，并且已经造成 25 亿美元的损失，这就是所谓追求无止境的增长。"

精灵探出头，盯住拜拉姆，警告道："如果你靠数据活着，那么最终也会毁在数据上。你是财务出身，可能觉得这种说法难以接受，但事实就是如此。

"追逐增长还有一个问题，那就是试图满足顾客所有需求，将本应集中在主战场上的资源浪费在其他无关重要的战场上。如果聚焦于某一项业务上，CEO 做决策就简单多了。"

"那你有没有见过反对增长的 CEO？"拜拉姆问。

"你听说过极速骑板（Quiksilver）这个品牌吗？"精灵回复道。

"没有。"拜拉姆答道。

"这并不奇怪，因为你不是冲浪爱好者。"精灵笑着说，"它是冲浪运动服装的大品牌，已经持续火爆了很多年，或者应该说是'酷'了很多年。品牌创始人之一丹尼·克沃克（Danny Kwock）说，极速骑板不会像其他大公司那样什么都做。他认为'大'是'酷'的敌人。"

不要理会股价

"问题背后的原因是，管理层关心股价多于市场。"精灵接着说，"许多企业都有股权激励机制，这反而会滋生贪婪，导致高管玩忽职守。为了追逐自身利益，企业高管的很多短期行为破坏了长期的营销计划。"

"看看 20 世纪 90 年代华尔街宠儿的做法：泰科国际（Tyco Internertional）的丹尼斯·科兹洛夫斯基（Dennis Kozlowski）

一直不断地收购企业；安然公司（Enron）的肯尼斯·雷伊（Kenneth Lay）对表外交易睁一眼闭一眼；环球电讯公司（Global Crossing）的加里·温尼克（Gary Winnick）为建设电信网络不计代价。这三位明星 CEO 所在的企业市值在短短数月内跌了近2000 亿美元。"精灵说道。

拜拉姆忍不住说道："那等于股价从悬崖上掉下来一样。那么，谁又是'反华尔街'的英雄呢？"

精灵答复道："我有一位好学生，他是金佰利 – 克拉克公司（Kimberly-Clark）的 CEO 达尔文·史密斯（Darwin Smith）。他发现和华尔街的金融分析师一起制定年度预报，只会让员工关注短期利益，从此他不再那样做，也不再接听分析师要求企业做出年度业绩预估的电话。他将经营焦点从造纸厂转向了品牌建设，这是一条更长远的经营思路。"

拜拉姆打断精灵的话，说："等一下，你们帮助我不是为了让股票表现更好，让精灵基金挣钱吗？如果我疏远华尔街，你们的投资可能会遭受损失。"

"我们不是短期投资者，"精灵纠正说，"我们和巴菲特一样是长线投资者。我们希望企业依据市场环境做正确的事，而企业高层在股权激励下，只会关注短期表现。我们精灵关注的是市场表现，而非股价表现。当企业开始违背市场规律时，我们就会抛售股票。我曾经和美国在线（AOL）的 CEO 史蒂夫·凯斯（Steve Case）一起合作过，直到他不顾我的反对坚持要跟时代华纳合并。我当时一点也不看好这项并购，因为他所认为的'协同效应'（synergy）根本毫无意义，所以向精灵基金建议，抛掉它们的股票。"

拜拉姆想了一会儿，说："那么，提升品牌的基本准则是什么？什么时候算是越界？如何把握这个度？"

专注主业

"首先，也是最重要的一点，"精灵回答道，"不要偏离主业太远。常言道，不要舍本逐末。"

拜拉姆问："万一主业不增长怎么办？难道不能转向其他业务吗？"

精灵点点头说："当然可以，但最好尽量在原有主业的优势上发展其他业务，这样才能充分利用既有的声誉和知识。"

"假如我扩大原有业务的认知，向顾客提供更多的产品或服务呢？"拜拉姆问道。

精灵回答道："当然可以。假如你是

不要偏离主业太远。

最好尽量在原有主业的优势上发展其他业务，这样才能充分利用既有的声誉和知识。

一个电动工具品牌，那你可以推出新一代工具，比如像施乐一样，推出新的复印机或打印机。但要小心，这种做法很容易掉进企图满足顾客所有需求的陷阱。"

"请再举个例子。"拜拉姆问道。

"以广告业为例，"精灵回答道，"曾几何时，广告业是由李奥·贝纳（Leo Burnett）、大卫·奥格威（David Ogilvy）和比尔·伯恩巴克（Bill Bernbach）等广告大师所引领。如今，这个行业却由庄任（John Wren）⊖这类人所领导，他甚至不是广告专家，而是安达信会计师出身。他的兴趣不是广告，而是如何保持增长。他几乎收购了客户可能需要的每一类服务公司，在过去两年中，就收购了 73 家企业。"

"这样不好吗?"拜拉姆问。

"如果企业经营依赖的是出色的财务运作，而不是优秀的产品或广告时，那就有麻烦了。"精灵提醒道。

专注认知

"如何选择合适的新业务?"拜拉姆问。

精灵回答道："业务扩张必须基于人们对品牌的认知。如果迫于华尔街的压力，无视品牌既有认知，盲目扩张业务，只会带来灾难。让我给你讲一讲两家德国企业的故事，以便于你更

⊖ 广告巨头奥姆尼康公司 CEO。——译者译

好地理解我的意思，这个故事我称为《双车记》。"

"我一向很喜欢德国汽车，"精灵说，"于是我打算在营销方面帮一帮奔驰或宝马。这两家企业都是豪华车厂家，但最终只有一家营销做得出色。"

拜拉姆插话道："让我猜猜，你选择的一定是终极驾驶机器——宝马！"

"对极了。"精灵说，"梅赛德斯董事长约尔根·施伦普（Jurgen Schrempp）不听劝告，他认为豪华车和大众车可以共享零部件，这样既节约开发成本，又能保持竞争力，所以有了'戴姆勒－克莱斯勒'（Daimler Chrysler），结果搞得一团糟。斯图加特的工程师从来就看不上底特律的同行，他们根本无法协同作业。"

拜拉姆打断了他："媒体上有很多负面报道，我以为他乐意接受你的帮助。"

精灵笑着说："他所需的帮助其实是重组管理层，特别是让他的新婚妻子出任要职。"

拜拉姆问："奔驰车工艺精湛，销售

业务扩张必须基于人们对品牌的认知。如果迫于华尔街的压力，无视品牌既有认知，盲目扩张业务，只会带来灾难。

应该不成问题吧？"

精灵反驳道："它的豪华车销售也受到了冲击。在最近的质量调查中，奔驰的质量不仅被日本车超越，还落后于捷豹、林肯和凯迪拉克。"

"这可真令人尴尬。"拜拉姆说道。

"宝马恰恰相反，"精灵接着说，"它始终专注于豪华车。它们认为生产普通轿车会损害宝马作为豪华车品牌的认知。"

"你和它们合作吗？"拜拉姆问道。

精灵回答："我以前一直在和乔西姆·米尔伯格（Joachim Milberg）合作，最近则是在帮它们的首席财务官赫尔穆特·庞克（Helmut Panke），他即将成为下一任的 CEO。在最近一次的新闻发布会上，他声明，宝马定位于豪华车，就必须聚焦于豪华车。听到这些后，我们当即买了宝马更多股票，我们知道他是懂行的人。"

拜拉姆插话说："它们的业绩如何？"

"当戴姆勒 – 克莱斯勒损失 6.62 亿欧元时，宝马的净收入却上涨了 50%，达到了 18.7 亿欧元。这是一个聚焦于品牌认知的经典案例。"精灵回答道。

基于现实

"怎样才能避免陷入增长的陷阱？"拜拉姆问。

"简单地说，在制定战略和做出决策时，要基于市场现实。记住，市场上总有竞争对手想抢夺你的生意。罗伯特·布鲁纳（Robert Bruner）曾写道，'商业环境瞬息万变，机会与风险难以预判，管理者要接受这一点。优秀的管理者基于现实行事，而非幻想'。"

拜拉姆打断精灵的话，说道："但也要设定目标指引经营，我们不能跟员工说，'和去年一样就行了'。"

精灵紧盯着拜拉姆，说道："那就设定实际一点的目标，正如弗兰克·泰普（Frank Typer）对目标下的定义那样——触不可及，伸手能及。"

精灵接着说："要认识到，有些事就是无法实现，所以不要将'不可实现'设计到计划之中。正确的做法是，找到在品牌认知范围内销售更多产品的方法，比如在符合认知的基础上，增加更多品项。宝马有一系列不同款式的车型，但那都是'终极驾驶机器'。保时捷以跑车闻名，那么推出 SUV 就毫无意义，推出

设定实际一点的目标，正如弗兰克·泰普（Frank Typer）对目标下的定义那样——触不可及，伸手能及。

带有后挡板的四门轿车就更愚蠢了。"

拜拉姆插话说:"那么你是反对代表广泛品类的所谓'超级品牌'(mega brand)了?"

精灵回答道:"想要代表更多的品类,品牌就越容易失去焦点,也就越难实现差异化。马克·吐温说得好,'我没有成功的秘诀,但有失败的秘诀,那就是试图取悦每一个人'。"

拜拉姆的总结

"现在,"拜拉姆说道,"让我总结一下。想把品牌做大,应该围绕自身专长展开。不断地问自己,'这样做顾客会不会认可''符不符合品牌声誉或形象'。制定战略时,要切合实际,确保能力可及,而不是主观意愿。同时,不能被华尔街牵着鼻子走。"

精灵笑着说:"你理解到位了,但坚持这个信念需要勇气,当你面对华尔街分析师时更是如此。"

语音刚落,屏幕就关闭了。

拜拉姆思索了一阵子,然后将助理叫进来:"通知所有业务部门负责人开会,也让财务部负责人到会。"

拜拉姆公布新政策

"女士们，先生们，"拜拉姆说，"我要公布联合器件公司的一项新政策，我把它称为'彻底坦诚政策'。今后，我只想看到基于市场事实的增长规划，但这并非放任业绩不管，如果业绩不好，我需要合理的解释和可行的解决方法。然而，坦诚高于一切，如果目标无法达成，那就如实报告。"

有人插话道："那怎么和华尔街交代呢？"

拜拉姆答道："我们对华尔街也应该保持彻底坦诚的态度。经历安然和环球电讯风波之后，我相信华尔街要的也是事实而非夸大。即使他们不喜欢，那也是他们的事，我们还是按照自己的方式经营企业，而不是华尔街的方式。"

说完这些，拜拉姆离开了会议室。

财务主管转向他的助理，说："你能相信这是一位财务人说的话吗？"

精 灵 的 智 慧
....

Successful companies are never obsessed about growth. They are obsessed about succeeding in the marketplace.

　　成功的企业执着于占领市场，而非业绩增长。

A GENIE'S
WISDOM

第 7 章
07

何为有效的市场调研

　　这一技术能调查出人们无法告诉你的事情，因为这些事情连他们自己都不知道。

出于财务背景，拜拉姆喜欢研究财务报表，从中找出一些可以删减的项目。当他审阅新年度的营销预算时，他发现市场调研花费不菲。他对此感到不解，于是召集市场部调研人员开会，探讨预算问题。

会议进行不到一刻钟，拜拉姆就发现自己理解不了这些调研方式，为何花费那么一大笔资金。除了常规的定量调研和小组访谈之外，调研人员还想尝试一些新奇的调研手法。其中一种叫"民族志调研法"，即跟踪拍摄一个家庭，希望从中挖掘人们的感知层。拜拉姆无法相信有人会接受这类调研，即使有人愿意，调研结果又有多少可信度呢？在他看来，愿意被这样侵犯隐私的只有那些好出风头、自恋的怪人。

还有一种"萨尔特曼隐喻诱引技术"（Zaltman metaphor elicitation technique），用于探究消费者的潜意识，挖掘人们深层意识的东西。当听到这项调研也要花一大笔钱时，拜拉姆觉得自己受够了。他站起身来，宣布会议结束，去寻求精灵的帮助。

精灵的调研智慧

　　"你们所谓的市场调研让我也感到惊讶。"精灵说道，"为了搞懂消费者的想法，企业花费大量的时间、精力和金钱，真是不可思议。然而，这些调研对于身陷困境的企业却帮助不大。"

　　"非常赞同，"拜拉姆表示赞同，"到底出什么问题了？"

　　精灵说："对于调研这个似乎神秘难明的课题，我最近进行了一番研究，并且发现了几个原因，可以解释为何调研项目如此昂贵。首先，为了使这一大笔费用合理化，调研公司会出一份冗长且复杂的报告，结果导致企业管理者很少阅读这类报告。即使他们真读了，也只会读印证自己想法的那部分。"精灵接着说："不仅如此，广告公司也会开发出各种新式的调研方法，如'品牌优化图''品牌印记'，企图取悦客户。它们甚至会询问顾客关于品牌个性的愚蠢问题。你可能不敢相信，它们会问，'如果某个品牌是一个人的话，他的着装是怎样的''他会举办什么样的派对'等，它们甚至会编制出所谓的'知觉图'……尽管我有精灵的魔力，也搞不清这些东西。"

　　拜拉姆有些震惊，问："你是在告诉我，所有这些调研都是浪费金钱，最好将调研费都砍掉吗？"

　　"并不那么简单。"精灵说道，"首先，让我们花几分钟时间了解一下人类的心理。其实，最大的问题是如何从消费者那里获到有用的信息。马克·吐温说得对，'我认为，只有在人死后，才会展露出一个真实、完整、诚恳的自我。人应该在一开始时就死去，这样才能早早变得真诚'。"

调研面临的首要问题——消费者不是很诚实。

"总而言之，这就是调研面临的首要问题——消费者不是很诚实。"精灵总结道。

言行不一

精灵继续说："调研人员可能信誓旦旦地说，调研能揭示消费者背后的真实想法，但想法也不能准确推算出行为。人们常常言行不一，当你问顾客为什么买某类东西时，他们的回答常常不是很准确或没什么用。正因如此，所谓的小组访谈其实也是在浪费时间和金钱。"

人们常常言行不一，当你问顾客为什么买某类东西时，他们的回答常常不是很准确或没什么用。

精灵的头探出电脑，加重语气说："也许顾客知道自己购买的真正原因，但不愿告诉你真相。其实更多时候，他们并不了解自己的购买动机。即使让他们事后回忆，因为大多数顾客缺乏安全感，常常只会记起一些与实际情况不相符的情况。举个例子，某些知名品牌即使不再投放广告，但人们对它的记忆还是会保持相当长一段时间。20世纪80年代中期，有人对搅拌机做了一次调研，要求受访者说出他们所记得的所有品牌，结果通用电气排在了第二位。实际上，通用电气当时已经有20年不生产搅拌机了。多年前，杜邦公司也进行了一项研究，调研人员在超市门口拦住了5000名女士，询问她们进店购买哪些产品及品牌。如果依据调研结果下赌注，那可输惨了。"

"你的意思是……"拜拉姆插话说。

"那些受访者从超市里出来后，调研人员核对了她们购买的东西，发现只有30%的人买了之前提及的品牌，70%的人选购了其他品牌。"精灵答道。

从众消费

拜拉姆看着精灵，问："你是说，所有的购买行为都是随机，没有固定的行为模式吗？"

"我可没这么说，"精灵纠正道，"大多数营销人员忽视了一件事，很多情况下，人们买了他们'认为'应该买的东西。在某种程度上，顾客就像是随群的羊——从众心理发挥了作用。关于从众行为，罗伯特·西奥迪尼（Robert Cialdini）⊖的研究很

_____

⊖　亚利桑那州立大学心理学名誉教授，《影响力》一书的作者。——译者注

有意思。他提出'社会认同法则'，它具有强大的影响力，该法则认为，'人们通过他人判断什么是正确的'。人们在判断行为的正确性时，尤为如此。在某些场景里，人们观察别人怎么做，来判断自己行为的正确性。

"经过对人类社会数千年的观察，我发现人们并不清楚自己想要什么。既然如此，为什么还要去问他们呢？"

在某种程度上，顾客就像是随群的羊——从众心理发挥了作用。

抓拍心智快照

拜拉姆听了这番话后非常沮丧，他说："那还能从顾客那里问到有用的东西吗？"

"真正要获取的是顾客心智中的认知快照，而不是顾客的深入思考。人们除了自身的健康、财富及性生活外，不会过多地思考其他东西。"精灵接着说。

"要找的是你的品牌和竞争对手在目标客群心智中的认知优势和劣势。我最喜欢用的调研方式是，首先列出品类的

真正要获取的是顾客心智中的认知快照，而不是顾客的深入思考。

一些基本特性，然后让消费者根据不同品牌按 1~10 进行打分，最后比较各个品牌在每项特性下的得分。目的是了解在某个品类中，各个品牌所拥有的认知或差异化。我把它称为'差异化调研法'。"精灵答道。

拜拉姆紧接着说："能举一两个例子吗？"

"就以牙膏为例吧！"精灵说，"牙膏品类有许多特性，如防蛀、祛除牙垢、味道好、美白牙齿、清新口气、天然成分及先进技术等。佳洁士围绕'防蛀'打造品牌，艾姆（Aim）是味道好，优特白（UltraBrite）是美白牙齿，皓清（Close-Up）是清新口气。最近，缅因汤姆（Tom's of Maine）抢占了'天然成分'特性，美达净（Mentadent）凭借苏打加过氧化物成为新兴品牌，托帕尔（Topal）声称能去除烟渍，而高露洁则是凭借'全效'重新攀升到第一位置，它涵括了三大特性——防蛀、祛除牙垢和杀菌。"

拜拉姆点头称是："每个品牌都拥有自己的特性，对吧？"

"成功的品牌的确如此。"精灵说，"秘诀是提前界定好品牌想要抢占的特性或差异化。市场调研的目的其实就是绘制能够绕开竞争对手、顺利进入心智的地图。"

拜拉姆慢慢理解精灵的话，若有所思地总结道："所以，真正的市场调研无须浪费时间探究人们的需求和心理状态，而是从顾客的认知比较中，找到可以区隔于竞争对手的差异化。"

精灵笑着说："没错。让我再给你一个忠告，很多企业在这方面栽了跟头。"

"什么忠告?"拜拉姆边问边准备记笔记。

关于预测未来

精灵继续说:"虽然我是精灵,拥有法力,但我也无法预测未来。但是,很多调研耗资巨大,试图做到这一点。历史上充斥着各种对未来的盲目预测,但最终都没实现。所以,想要通过调研来论证新事物的可行性,也是不成立的。除非人们亲眼见过、用过以及看到别人买过,才有可能对新事物做出评价。也是基于此,我告诉静电复印术的发明者切斯特·卡尔森(Chester Carlson),别把'人们不会为一份复印件花 5 美分'的调查结果当回事。他听从了我的建议,后来的事就众所周知了。"

拜拉姆惊奇地问:"你和施乐公司也有接触?"

精灵笑着说:"当然,那是我们基

真正的市场调研无须浪费时间探究人们的需求和心理状态,而是从顾客的认知比较中,找到可以区隔于竞争对手的差异化。

金第一次大获利。很幸运，当新任 CEO 麦科洛（McColough）决定涉足电脑业后，我们抛售了施乐全部股票。我们不用做任何调研，就知道那样做是不可能成功的。"

"但是，如果在高科技领域，难道也不用考虑未来？"拜拉姆问道，"毕竟科技不断发展和变化。"

"你问到点子上了，"精灵回答，"预测未来要异常小心。我和比尔·盖茨的分歧在于，他总是偏离现实，投资在一些不切实际的创新上。"

"比如说？"拜拉姆问。

"比如互动电视。"精灵答道："他以为人们想和电视机互动，结果损失了数十亿美元。我警告他，人们并不想和电视机互动，只想得到娱乐，但盖茨没有听我的劝告。"

拜拉姆接着说："你是想告诉我，只能逐日制订计划吗？"

预测未来最好的方式是洞察趋势。

"不是的，预测未来最好的方式是洞察趋势。比如，美国人的健康意识日益增强，很多产品顺应这一趋势取得了成功，看看电视里的保健品广告就知道了。又如，'婴儿潮'时期出生的人对保持年轻、延缓衰老很感兴趣，于是水疗 SPA 行业异常火爆。你知道吗？ 2002 年大约有 9500 万人去过水疗会所。但要注意，洞察趋势不容易。最常见的错误是夸大趋势。根据几年前对红肉的预测，今天所有的人估计都在吃烤鱼烤鸡了，但这样的事情并没有发生——非但没有发生，红肉的消费量反而上升了。生活习惯上的改变很缓慢，而媒体常常把小变化过分夸大。同样糟糕的是，假定未来是历史的重演。如果预测未来什么变化都不会发生，那等同于预测未来肯定会发生某些事一样。记住，意料之外的事总会发生，而且根本无法调研。"

> 意料之外的事总会发生，而且根本无法调研。

说完，电脑屏幕变暗了。

第二天

第二天，拜拉姆召集公司调研人员，

宣布将调研预算削减一半。当调研人员抱怨这样做会使某些高精尖项目被搁置时，拜拉姆说，他真正想得到是品类特性相关的简单调研，也就是消费者对品类中的特性按 1 ~ 10 分对品牌评分。另外，如果调研人员还想研究重大消费趋势，拜拉姆也可以批准，但所谓的高精尖项目则纯属浪费时间和金钱，这类项目不再获批。

说完这番话，拜拉姆离开了会议室。调研人员一脸茫然，像是一群刚刚被拿走玩具的孩子。

精灵的智慧

Good research is simple, not complex and all about perceptions. It should contain a strong degree of common sense.

有效的调研应该是简单的，从顾客认知出发，能以常识判断。

A GENIE'S
WISDOM

第 8 章

08

如何评估广告

我们不是在做销售，而是在和顾客打交道。

　　基于财务出身，拜拉姆对广告支出总有些不放心。他非常赞同某 CEO 的话，"我知道广告费中有一半被浪费掉了，但问题是我不知道是哪一半"。

　　最近，他就要首次批核这笔大额费用，并且在董事会面前解释这笔支出。所以，当营销总监来电说要召开一次会议，听取广告公司下一年度的媒介策略时，拜拉姆有些焦虑。

　　会议当天，一大群人聚集在拜拉姆的会议室里。似乎每个人都有报告可演示，有人挂纸板，有人用 PPT，而拜拉姆坐在那里，没有东西可演示，他觉得没有安全感。

　　随着会议进行，复杂的研究、好看的图片以及酷炫的演示，混杂着各种奇特的术语，把拜拉姆给搞糊涂了。他唯一清楚的是，所有这些都要花很多钱，先是制作费，然后是投放费。

　　拜拉姆坐在那里，不知该怎么评估。只要他提个问题，立马就有两三个人跳出来，解释这样做不仅正确而且棒极了。

　　营销总监也帮不了忙。实际上，他更像是广告公司的一员。拜拉姆猜测营销总监早已看过这些方案，并且私底下批准了，所以现在他和广告公司一起来推销方案。

　　该怎么办呢？拜拉姆站了起来，对大家参会表示感谢，说他需要时间思考一下，然后径直走回自己办公室，来到电脑前，请教精灵如何评估广告。

精灵的广告智慧

当精灵出现在屏幕上时大声说道："那些广告人把你弄糊涂了吧？"拜拉姆惊讶地问："你刚才也在会议上吗？"

"没有。"精灵回答，"我不在也能猜到。广告公司的套路都一样，一堆精美的图表、图片以及不切实际的想法，很难有建设性的意见。"

拜拉姆点头答道："的确如此，他们想让我把一大笔钱花在一些虚无缥缈的东西上，我不知该怎么办。"

精灵平静地说："冷静一下，让我简单地讲讲如何评价广告。

"首先，广告的作用是代替销售人员和顾客进行沟通，比如通过电视或平面广告讲述品牌故事。"精灵继续说，"任何广告都要从传递差异化入手，即为什

任何广告都要从传递差异化入手，即为什么选我而不是其他品牌。广告不是空洞的口号，而是要传递差异化及其给顾客带来的价值。

么选我而不是其他品牌。广告不是空洞的口号，而是要传递差异化及其给顾客带来的价值。"

拜拉姆反驳道："但他们说广告要和消费者建立情感维系，要让顾客喜欢这个广告，所以推销意图不能太明显。"

精灵将身子探出屏幕，义正词严地说："简直就是胡说八道！"

精灵继续讲道："广告公司的主要职责是将差异化戏剧化地表现出来。人们观看媒体是为了娱乐或新闻，而不是看你最新出炉的广告片。广告可以性感、幽默或者其他，但一定要传递一个购买的理由。如果广告公司传递得不错，你就可以批复方案，否则就要求加入更多戏剧性的效果。除非你能让人们购票观看你的广告，否则让消费者喜欢广告毫无意义。"

"你喜欢什么样的广告，能给我举些例子吗？"拜拉姆问。

"我喜欢百事可乐旗下纯水乐（Aquafina）纯净水的广告。它的差异化就是'纯净'，它把这一点写在了标签上。广告处理得非常简洁，除了纯净水和品牌，没有多余的内容。广告旁白是'一干二净'，字幕则是'承诺不含任何东西'。广告公司戏剧化地表现了'纯净'这一概念。另外一个是美国银行的广告，想传递抵押贷款手续简单的信息。它们采用了戏剧化的表现手法——一位丈夫忙于填写贷款申请书而无暇就寝，于是太太塞了一张小纸条给他……广告拍得很有趣，也很有效。"精灵答道。

拜拉姆对精灵渊博的广告知识感到惊讶，他问精灵："还有什么可以教我的吗？"

坦诚与新闻性

"你想一想，"精灵继续说，"人们一看到广告，马上就能认出这是广告。而且，广告往往会打断人们的阅读或观赏，迫使人们观看，这会使人感到不快，因为没人喜欢被推销。这时，坦诚点就大有帮助，因为它能消除受众的戒备心。如果坦诚地对待受众，他们往往会给予正面反馈。例如，如果你的产品不够美观，那就承认这一点，然后转向诉求它的可靠性，这样人们就会接受你的主张。"精灵继续说道，"多年前，比尔·伯恩巴克为大众旗下的甲壳虫汽车撰写广告时，我就是这么告诉他的。我建议他承认甲壳虫确实长得丑，但要告诉人们它的性能可靠。结果，他和他的广告公司——恒美广告（Doyle Dane Bernbach）因为这

如果坦诚地对待受众，他们往往会给予正面反馈。

条建议发了大财。

"在我看来，最坦诚、有效的广告之一，是最近公猪王（Boar's Head）肉制品所做的广告。它们开诚布公地将自己的产品与竞品比较，它们的诉求很简单——'接近公猪王的品质，但不是公猪王'。公猪王的广告成功说服了顾客多花点钱买品质更好的肉制品。"

拜拉姆插话说："我明白了。你越坦诚，人们就越觉得它是一条资讯而非广告。"

精灵回答道："看来你学到这一点了。此外，还有另一个窍门——尽量让信息听起来像一条重大新闻。人们总在寻找新闻，新闻能够化解受众'被推销'的戒备心。相信我，如果广告的开场白是'在你转台之前，请让我播报一条重要的新闻'，那么观众都会被定住。"

拜拉姆接着说："他们还建议广告要有震撼的视觉效果，说这样才能吸引人们的注意力。"

精灵再一次激动起来，说："视觉效

人们总在寻找新闻，新闻能够化解受众"被推销"的戒备心。

果虽然会吸引眼球，但也会干扰受众接收信息。当人们注意力被分散，就无法集中精神聆听或阅读，那么销售信息就会传递不到位，这是典型的'视线转移'。我们精灵不用施法也可以表演魔术，就好比你们的魔术师，想尽办法转移你的视线，让你看不到实际的情况。这不是广告应该做的事。

"实际上，广告公司想做富有创意、与众不同的广告，是为了赢得广告奖项。不幸的是，广告费是你付的，而广告公司的奖金不会存入你的银行账户。"

简单、显而易见、保持耐心

"我开始明白了，还有其他指导原则吗？"拜拉姆问。

"避免复杂。"精灵接着说，"广告不可能占用受众太多的时间，因此务必让广告简单易懂。传递一个概念比两个要好，简洁的视觉效果比花哨的要好。还有一个简单的技巧——尽量让语句押韵，这样广告语更容易被记住。你想，为什么人们更容易记住诗歌而不是散文呢？就是因为诗歌押韵。对此，爱默生有句话说得好——耳朵是心灵之窗。

"更重要的是，传递的概念要显而易见。这样的概念往往简单、朴实，不是天马行空的。然而，广告人总喜欢花哨的概念，但只有显而易见的概念才会有效。"

拜拉姆打断他："如何找到显而易见的概念呢？"

精灵答道："你可以读一下一本非
常好的商业著作 ——《大师亚当斯》，
由罗伯特·奥普迪葛瑞夫（Robert R.
Updegraff）于 1916 年写作而成。"

"就这些吗？"拜拉姆问道。

精灵答道："还要保持耐心。广告进
入心智需要时间，所以要持续投放一段
时间，等待人们接收信息。当你对广告
感到厌倦时，可能顾客才刚开始注意它
和记住它。

"万宝路香烟和绝对伏特加酒极好地
展示了'保持耐心'这条原则。万宝路数
十年来以牛仔作为品牌代言人，绝对伏特
加则一直坚持用瓶子作为广告的主角。我
最近查了一下，绝对伏特加已经为那透
明、不起眼的玻璃瓶创作了 700 条令人难
忘的广告。这两个品牌都是行业领导者，
'保持耐心'让它们得到了回报。"

> 广告进入心智需要时
> 间，所以要持续投放
> 一段时间，等待人们
> 接收信息。

拜拉姆的总结

拜拉姆坐回原位，开始总结他所学到

的东西："当我评审广告时，首先要避免毫无意义的空洞口号，而是找出产品的差异化。然后，评估广告是否戏剧化地传递差异化，信息是否足够坦诚，信息表述是否简单，有没有将新闻转化为顾客价值。如果做到以上全部或部分几点，那就是好广告，反之就是无效的广告。最后，我应该耐心地等待广告发挥作用。"

精灵笑着说："还有最后一个建议——当某个广告由世界上最优秀的广告公司所制作，由顶尖的创意天才所设计，整个营销部门也大力推荐，而你却不知道该如何评判时，回家问问你太太吧。"

屏幕关闭了。

第二次会议

拜拉姆和营销总监、广告公司又开了一次会议，参会人员带来了同样的演示报告，但这一次拜拉姆感觉自信多了。他大胆地宣布："先把报告放下，我想问几个问题。"说完，拜拉姆一口气列出了从精灵那里学到的几个关键点。不用说，会议结束后，会场上又是一张张惊讶的面孔。拜拉姆站起来说："下一次会议，我希望看到符合指导原则的广告。"

拜拉姆走出会议室后，广告公司负责人侧身对营销总监问道："他从哪儿学到的东西？我以为他只是个懂财务的家伙。"营销总监还没有从惊讶的状态中恢复过来，只能回答道："肯定有人在背后指导他！"

精灵的智慧

·····································

Good advertising dramatizes a product's
point of difference.
It supplies a reason to buy.

有效的广告在于戏剧化地传递差异化，
它要提供给顾客一个购买的理由。

A GENIE'S
WISDOM

第 9 章

09

如何选择合适的媒体

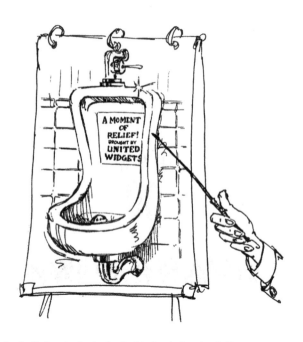

这是你们的广告在小便池的表现形式。

拜拉姆审阅营销预算时，他发现巨额开支背后，实际上是由许多小项目构成，有些花费较多，有些则较少。每个小项目都有不同的标题，如广告投放、电话直销、促销、公关、宣传物料、包装、植入式广告等。

一想到自己对媒体知之甚少，拜拉姆就感到信心不足。究竟这些媒体各自的优势是什么，劣势是什么，它们应该怎样整合，其中资源有没有浪费或投入不足……突然间，拜拉姆脑海里浮现出资金运用不当的情形，这种浮想让财务出身的他非常不舒服。

看来，有必要和精灵探讨一下有关媒体的话题，拜拉姆已经习惯经常获得精灵的指点了。

精灵的媒体智慧

"当今社会，选择合适的媒体是越来越困难了，"精灵开始说道，"因为人类总在不停地发明新媒体。"

"请您解释一下。"拜拉姆说。

"好吧。过去，媒体只有平面广告和广告牌两种，接着出现了广播、电视和互联网。这也只是冰山一角，还有其他各式各样的媒体，如小便池、垃圾桶、公园椅、谷物碗、服装、热气球等，数不胜数。"

拜拉姆感到非常吃惊："那该怎么选才最有效？"

精灵回答道："首先，要了解各种媒体的优劣势。在广告业，一个简单的衡量指标是媒体的受众人次。电视拥有相当大的受众；广播也不少，但频道较多；平面广告受众较少，且呈下降趋势；直邮可以接触到很多顾客，但如果名单过长，邮资就会很高，随着邮费不断上涨，这一方式已变得不是很有效了；广告牌的受众仅限于某个区域……媒介人员应该能给你各种媒体的确切数据。"

拜拉姆打断他："你漏掉互联网了，互联网可是当今最火的新媒体。"

"不对，互联网媒体曾经火过，但现在冷下来了。"精灵回答，"虽然互联网能传递更多信息，但它并不是一个发布广告的好地方，因为你无法打断人们使用程序以传递信息，你能做的只是在电脑屏幕上零散地投放一些用户不想看的小广告。"

拜拉姆问："除了用受众人次衡量媒体之外，还有没有更好的方法来评估广告投放吗？"

"还有其他方法，"精灵回答，"但首先你得摒弃一些传统观念。"

文字与图画

精灵问拜拉姆："眼睛和耳朵，哪一个更重要？"

拜拉姆略加思索，回答道："眼睛。"

"这是我常常得到的答案，"精灵说，"因为你和他人一样有先入之见。大约在公元前 500 年，中国有一句谚语'一图胜千言'，但你看，实际情形是这五个字存在了 2500 年，而不是图画。最近看来，这句名言还没过时，没有哪位广告公司的总裁、创意总监或美术指导不曾引用过孔子这句话。"

"你认识孔子？"拜拉姆问道。

"当然，"精灵答复道，"所以我才知道它被错误引用了，事实上他说的是'一图值千金'，不是'千言'，而是'千金'。他是真正的先知，预见到当今的电视和电影广告'一图值千金'。"

"那么，你想说明什么？"拜拉姆有点困惑。

"如果仔细分析大量的成功营销案例，你会发现它们都是以文字为主，而不是纯视觉的。它们都是概念，而不是图画。"

拜拉姆越听越沮丧："我认可这一点，但你是想说明什么，所有的媒体都有文字啊。"

两种语言

"快讲到要点了，要有点儿耐心。"精灵说，"语言有两种——书面语言和口头语言。我们经常会将两者混为一谈，但它们之间是有差别的。耳朵比眼睛灵敏。大量实验表明，大脑能够在140毫秒内理解一个口述的词语，而理解一个书面词语则需要180毫秒。心理学家推测，大脑要用这40毫秒的时间将视觉信息转换成听觉信息，它才能处理。

"不仅听比看快，而且听到的会比看到的在头脑里保留更长的时间。无论是图画还是文字，除非大脑强行记忆，否则只能在脑海中停留1秒。然而，听觉信息在大脑中保留的时间是视觉的四五倍。这就是为什么阅读书面文字时，人们思路容易中断，往往要重读上一段落，才能重拾思路。因为声音在大脑里存储的时间更长，所以口述更容易让对方跟上思路。

"聆听比阅读更容易接收信息，这基于两点：首先，听觉信息存储大脑的时间更长，更容易让人跟上和理顺思路；其次，语调会赋予文字情感，这是书面

尽可能地使用有声媒体。

文字所没有的。"

拜拉姆说："你是说带有声音的媒体比单纯书面文字媒体要好吗?"

"对。"精灵说，"首选带有声音的媒体，如电视、广播及电影等，其次才是那些书面文字媒体，如杂志、报纸及直邮等。因此，尽可能地使用有声媒体。6号旅馆（Motel 6）就是通过电台广播，成功打造了一个强大的品牌，它从没有使用过任何平面媒体。"

公关和促销

拜拉姆再次插话道："你如何看待公关这一工具?"

精灵回答道："非常重要，在广告投放之前尤为有效。人们第一次接触品牌时，通过新闻比通过广告要好。原因是，人们想知道最近发生了什么事，而不想被推销。同时，新闻报道也赋予品牌更高的可信度。"

"那么促销呢?"拜拉姆问。

"有些促销活动可以产生公关效应，比如用大象在市中心游行来发布新品。有些是提供特殊优惠，吸引消费者试用新品。但如果仅仅是打折，那作用就微乎其微了。无休止地打折促销只会培育顾客不促不买，打折促销正是以不正当的理由吸引顾客购买。"

整合营销

"好了，"拜拉姆大声说，"我知道各种媒体之间的区别了，但该怎样将它们整合在一起呢？"

"那就是整合营销，即围绕某个差异化用不同的媒介组合发动传播，它是营销人员梦寐以求的工作。一旦确定了差异化，就可以利用不同媒体的优势进行整合传播，比如公关有助于推出新概念，赋予可信度，并制造话题；广告能迅速打响一个新概念；互联网能围绕概念提供更多信息；行业展销会能带来业内或渠道商对于新概念的关注；直邮有助于新概念精准抵达客户；促销则能以新概念吸引人们试用。"

"这听起来相当简单。"拜拉姆说。

"是的。"精灵回答，"但首先要确立差异化，否则只会造成混乱不堪。这正是整合营销难以操作的根源。"

拜拉姆的总结

拜拉姆非常认同，"首先，应确立差异化；其次，如有可能，优先通过公关推向市场；再次，尽量选择有声媒体投放广告；最后，控制促销力度。"

精灵笑着说："对于财务出身的人来说，你学得很快。"

话音刚落，屏幕又变成了一片空白。

第二天

第二天，拜拉姆召集营销总监开会，宣布了新的媒介原则。会议结束时，拜拉姆问："你们都清楚了吗？"

众人点头。他笑道："我相信大家都理解我的意思了。"

等他离开后，营销总监说："一定有人在背后指点他。"

精灵的智慧
....

The mind works by ear. Media with
sound is more powerful than media
without sound.

大脑靠耳朵运作，有声媒体胜过无声
媒体。

A GENIE'S
WISDOM

第 10 章

10

品牌标志有多重要

你没有感觉到那些充满活力的天使的力量吗?

一天，高级营销经理打电话给拜拉姆，说他正在与一家大型设计公司商谈企业标志一事。他觉得企业大多数的产品标志都已过时，应该及时升级，甚至连企业名称也要做出调整，他希望拜拉姆能够出席会议，听取设计公司的初步方案。

会议开始没多久，拜拉姆就已经摸不着头脑——诸如"字符形象、阿尔法形象和专属标志"之类的术语不绝于耳，"富有感情的色彩""活力四射的图形"之类的表达也接踵而来。这时，一个一头长发的人站起来说："这个角度很有张力，有助于强化科技感。这个图形设计能传递创新和高科技的情感。"

所有这些让拜拉姆困惑不已。当听到这个设计要花上高达七位数的费用时，拜拉姆觉得有必要回办公室寻求帮助了，于是他宣布："我们下午再接着讨论。"

精灵的品牌标志智慧

拜拉姆到办公室，精灵说："标志早在数千年前就出现了：公元前 3000 年左右，古巴比伦的泥板上就刻着膏药商和鞋匠的碑文；古罗马军队也拥有自己的标志；在中世纪，任何一个公爵，不管多么不入流，都会在兵器上刻上徽章。然而，这些标志到了今天却销声匿迹了，被历史铭记的是战争人员的名字和战役的地点，这说明了什么呢？"

拜拉姆想了一会儿，说道："重要的不是符号，而是与符号相关的名字。"

品牌的力量在于名称，而不是视觉符号。

精灵笑着说："非常正确，视觉符号或品牌标识的价值被严重高估，品牌的力量在于名称，而不是视觉符号。"

拜拉姆插话道："但我在运动鞋、运动裤和运动衫上看到醒目的耐克标志又该如何解释呢？"

精灵回答道："是'耐克'二字赋予了'钩子'意义。它们花费数亿美元将二者等同起来，这样就可以代替名字印在服装上，看上去也没那么突兀。实际上，'钩子'就是名字的代表。"

拜拉姆无法接受这一观点："有点言过其实了吧？"

"好吧，"精灵说道，"那我们做个小测验，你记得星巴克的标志吗？"

拜拉姆得意地回答:"是一个'星巴克咖啡'字样围成的绿色圆环。"

"对,"精灵回答,"圆环中间有什么图像?"

"这个就不记得了,"拜拉姆回答道,"我从来没有注意看里面是什么。"

"这正是要点。你看到了名字却没有看到海洋女妖。"精灵笑着说。

"海洋女妖?"拜拉姆问。

"她出自希腊神话,"精灵说,"专门诱惑水手,让船只撞毁在岛屿周围的岩石上。顺便说一下,这完全是虚构,希腊人善于编造故事。但幸运的是,没有人注意或认出这个图像,否则就可以理解为:来星巴克吧,在石头上完蛋!"

拜拉姆说:"确实很少有人认出这个图像,所以并没有给星巴克带来什么损失。"

精灵反驳说:"因为星巴克并不是靠一个商标成功的,它是第一个全国连锁的咖啡店品牌,同时它还将每家店设计成聚会场所,为到店顾客营造舒适的氛围。星巴克不仅是咖啡,还代表着一种生活方式,而且几乎没做过什么广告。不然为什么每周会有 1500 万名顾客,专门到星巴克去喝超过 2 美元一杯的咖啡。"

"那你见过最糟糕的品牌标志是哪个?"拜拉姆问道。

"很简单的问题,"精灵说,"施乐公司(Xerox)原本的标志非常清晰，设计公司却把它的'X'字母改成'解体'的样子。新标志原想传递'施乐数码化'的意思，但实际效果却很糟糕。尤其当施乐公司陷入困境后，新标志成了被人嘲笑的对象，它似乎在说：'施乐公司正在分崩离析'。"

"那非常尴尬，"拜拉姆说，"后来怎么样了？"

"还好，"精灵回答道，"新上任的 CEO 意识到了这个问题，重新启用了旧标志。"

关于品牌标志的研究

拜拉姆问精灵："你的意思是，将数亿美元花在那些标志上是一种浪费吗？"

精灵回答道："基本上是。曾经有个调研，将带有企业名称的标志与不带名称的标志让受访者识别，结果没有名称的标志很少被认了出来。即便如此，企业还是热衷于打造标志，如通用电气的首字母组合，哥伦比亚广播公司的眼睛标志，以及梅赛德斯－奔驰的三叉星徽，花费了大量资金和多年心血，但新标志在不带名称的情况下几乎不能被识别出来。"

拜拉姆打断他："但是我看过许多成功的标志，如美孚石油、赫兹租车和 IBM，它们又是怎样做到呢？"

精灵解释说，"它们都是基于企业名称的标志，而不是单纯的符号。美孚中间有个红色的'O'；赫兹租车和联邦快递采用独特字体；美国航空则是简洁的'AA'，中间是展开的双翼。你可以说这些设计不是符号，而是企业名称。"

精灵谈兴渐浓，继续说道："在标识设计方面还有其他需要考虑的问题，其中一个就是形状。长方形是最佳选择，因为最适合人眼阅读，太长或太宽都不方便阅读。还有，标志设计常犯的一个错误是使它难以识别。"

拜拉姆问道："这怎么回事？"

精灵回答说："你可能不太相信，有些标志设计得比企业名称还大，有的为了传递品牌调性使用奇异字体，牺牲了识别性，甚至导致无法辨认。识别性是标志设计中最重要的考量因素。"

拜拉姆插话说："你的意思是说，过于夸张的字体或设计一定不能以牺牲识别性为代价。无论标志多么漂亮，如果难以识别，就要舍弃。"

"非常正确。"精灵说。

过于夸张的字体或设计一定不能以牺牲识别性为代价。无论标志多么漂亮，如果难以识别，就要舍弃。

精灵论形状

"那么独特的形状呢，它可以成为品牌识别的一部分吗？"
拜拉姆问。

"当然可以。"精灵说，"以绝对伏特加为例，具有独特形状
的瓶子就是它的标识之一，它通过广告将这个瓶形进行了戏剧
化的演绎。"

"关于这方面，你还能举些例子吗？"拜拉姆问道，他对这
个话题很感兴趣。

精灵继续说道："捷豹汽车也有一个独特的车身外形，它
发挥了像品牌标志一样的作用，让人能迅速辨别。捷豹汽车现
在被福特公司收购，我发现它们正在改动车形，这可是个巨大
的错误。另外，沃尔沃汽车的'坦克'外观也是一个很好的例
子，很符合'安全'的定位，如果车型发生了改变，说明战略
偏轨了。"

精灵论色彩

拜拉姆又有了一个新问题："关于色彩的选择呢？那些设计
人员谈论了很多关于色彩的问题。"

精灵回答："在这方面他们是可取的，像红色、橘红和黄色
这样的暖色调非常凸显，能吸引注意力，传递活力，适合零售

业；蓝色调代表冷静而保守，色泽柔和，适合大企业；黑色和金色组合体现高端；明亮的色彩表现出休闲和欢乐。"

拜拉姆接着问："可以抢占一种颜色，使它成为品牌识别的一部分吗？"

"当然可以。"精灵说，"赫兹租车是黄色，安飞士是红色；柯达胶卷是黄色，富士是绿色；可口可乐是红色，百事可乐是蓝色；联邦快递是紫红色，UPS 是棕色。色彩能成为品牌区隔的有力方式，所以切忌选择与竞争对手同样的色调。"

色彩能成为品牌区隔的有力方式，所以切忌选择与竞争对手同样的色调。

精灵论简称

拜拉姆问道："你怎么看用企业简称作为品牌标志呢？比如首字母组合成的简称，可以用吗？"

精灵回答："如前所述，为品牌取名时要避免采用毫无意义的首字母组合。它可以作为好标志的前提是，企业地位已经牢靠，而且是人们常用的昵称。例如，通用电气（General Electric）是一个很长的名字，人们习惯于用'GE'来称呼它，所以用'GE'作为品牌标志是可以的。联邦快递（FedEx）、IBM 也是如此，像明尼苏达矿业及制造公司（Minnesota Mining and Manufacturing）这样的名字很难记，所以它改名为 3M 公司。"

拜拉姆问道："也就是说，如果企业名称很长，用简称或首字母来设计标志或许很不错。"

"对。"精灵说，"但要记住，这个简称应该是市场赋予的，是人们主动用来称呼企业的昵称，千万不要试图杜撰一个简称。如果人们更愿意用全称，那全称就是企业名称或品牌名称，并以此设计品牌标志。都市人寿保险（Metropolitan Life Insurance）可以是'MetLife'，但纽约人寿保险（New York Life）则必须是'New York Life'。"

拜拉姆沉思片刻，然后总结道："所以，在设计标志时，最好采用企业名称或品牌名称，而且要确保可以被识别。

简称应该是市场赋予的，是人们主动用来称呼企业的昵称，千万不要试图杜撰一个简称。

字体和颜色远比毫无意义的符号重要，除非这个符号是企业的昵称，而昵称来自市场和顾客。"

精灵说："就是这样，看看我给你省了多少钱。其实这是一个简单的问题，依据常识就会有答案。顺便提一下，别忘了，这是你第 9 个问题，还剩最后一个问题，下次提问前可要想清楚。"

屏幕关闭了。

拜拉姆回到会议中

拜拉姆继续开会，要求重新审阅方案，逐一听取设计理念。

一旦出现晦涩词汇，他会很快打断并说："请用简单的词语表达，不要用术语。"他批评识别性不强的设计，又否定了所有没有含义的标志，并且建议如果空间允许，将名字放大。

他还提出，既然工作内容大大简化，设计费就应该大幅降低——这正是他最得意之处。交代完毕，拜拉姆离开了会议室，他感觉比今早舒服多了。

会议室里的人则是愁眉苦脸。

精 灵 的 智 慧

The name is far more powerful than a
symbol. A logo should be designed
around the name.

名称远比符号重要，标志应围绕名称
设计。

A GENIE'S
WISDOM

第 11 章

11

常犯的错误有哪些

不要担心，我们的竞争对手软弱无能、问题重重。

拜拉姆琢磨着最后一个问题，他想用这个问题学习到尽可能多的知识。

很快他有了想法，为什么不让精灵谈谈像他这样新任 CEO 最容易犯的错误呢？这是他的第 10 个也是最后一个问题。

"你非常聪明，"精灵说，"问这样一个开放的问题，想从我这里学到更多的知识。好吧，我再总结 7 个致命的错误，尽管有的之前已经讲过。另外，提醒一下，你今后可能也会犯这些错误。许多 CEO 都禁不住诱惑，如果你也如此，我们精灵会立刻抛售贵公司的股票。"

拜拉姆笑道："我会努力避免成为罪人。那么请开始吧，我来记笔记。"

精灵开始逐一列举。

自大

精灵说："自大是 CEO 常犯的第一个错误。成功往往导致自大，而自大则会导致失败。

"'自以为是'是营销的头号敌人，保持客观性十分重要。

出色的营销人员能够时刻站在顾客的角度思考问题，而不是将自己的主观意愿强加到客观环境上。

当人们成功后，往往会变得不客观，常以主观臆想代替市场客观需求。出色的营销人员能够时刻站在顾客的角度思考问题，而不是将自己的主观意愿强加到客观环境上。

"但是大量事实表明，人们经常会被长期的成功冲昏头脑。

"以数字设备公司（DEC）为例，它为我们带来了小型主机计算机。创始人兼CEO肯尼斯·奥尔森（Kenneth Olsen）白手起家，将数字设备公司打造成一家140亿美元的企业。他的成功使他变得过度自信，因而嘲笑个人电脑、开放系统以及后来的精简指令集计算机（RISC）。换句话说，他错过了计算机领域的三大革新，如今数字设备公司已不复存在。"

拜拉姆问："那么下一个错误是什么？"

贪婪

"这个我们曾讨论过，"精灵回答说，"第二个错误是贪婪。很多管理层没有将精力放在经营上，而是时刻关注股票价格，开始背离主业，盲目扩张。安然公司便是一个典型的案例。为了维持高股价，安然由一家能源公司变成了一家被股票操纵的公司。

"世界通信公司（WorldCom）的 CEO 伯尼·埃伯斯（Bernie Ebbers）也将大难临头。惠普的创始人戴维·帕卡德（Dave Packard）去世时仍住在 1957 年他为妻子建造的小房子里，但他却将 56 亿美元遗产捐给了慈善机构。相比之下，埃伯斯在美国拥有 46 万公顷的森林，在英属哥伦比亚拥有价值 6000 万美元、占地 16.4 万公顷的农场，但同时负有 3.66 亿美元的债务，他很可能将遗产留给债主而不是慈善机构。"

拜拉姆问："企业家贪得无厌会拖垮公司吗？"

"不一定，"精灵回答，"但贪婪会像病毒一样从管理层蔓延开来。员工们都知道企业高层赚了大钱，也想分一杯羹。很快，员工更多地考虑自己的利益而不是企业的利益。当我们精灵看到某个董事会给高层支付过高的薪金时，就赶紧抛售股票。"

拜拉姆大声宣告："我会努力不变得财迷心窍，那么下一个错误是什么呢？"

无知

商战是争夺心智之战，其重点不是生产更好的产品，而是建立更好的认知。

精灵回答道："无知是另一个常犯的错误。商战是争夺心智之战，其重点不是生产更好的产品，而是建立更好的认知。许多大企业都忽视了这点而陷入麻烦。美国电话电报公司（AT&T）和施乐公司试图说服市场它们是电脑公司，因此损失惨重。所以我之前说，调研的目的是厘清顾客认知，以此指导企业经营。"

"应该怎样避免无知呢？"拜拉姆问。

"首先要研究顾客心智。在这方面，约翰·施纳德（John Schnatter）是我最出色的学生，他是棒约翰的创始人之一。他也有10个提问的机会，但他还想多问100个问题。他热爱学习，几乎阅读了所有重要的商业书籍。也因为如此，他创建了一家伟大的公司，成绩斐然，而且他还在继续追求进步。"

"但我有时间学那么多东西吗？"拜拉姆打断他，"我还要忙许多营销以外的事。"

"问得好。"精灵回答，"解决方法是

聘请可信赖的能委以重任的人。这方面，诺华制药公司（Novartis）的 CEO 丹尼尔·魏思乐（Daniel Vasella）做得最好。他本是一名医生，不懂营销，因此聘请了强生公司和华纳兰伯特公司（Warner-Lambert）的营销主管，他们帮助诺华摆脱原先过于古板保守的瑞士文化，将诺华塑造成一家充满活力、营销见长的美式风格企业。"

"结果如何？"拜拉姆问。

"去年，"精灵回答，"诺华在美国的销售额增长了 24%，高于其他所有制药企业。人才的力量是无法替代的！"

拜拉姆同意精灵的话："我明白了，那么接下来呢？"

妄想

"当企业制定战略是基于主观意愿而非市场现实时，就犯了妄想的错误。成功的企业关注的是事实，而不是所谓的目标。重要的不是'你想做什么'，而是

> 成功的企业关注的是事实，而不是所谓的目标。重要的不是"你想做什么"，而是"你能做什么"。

'你能做什么'。高估企业发展与低估同样危险。

"罗伊·阿什（Roy Ash）离开利顿公司（Litton）去拯救信件和文件复印机公司（Addressograph）时，还是个响当当的人物。信件和文件复印机公司曾是信件打印业的领导者，罗伊·阿什制定的战略是进入新兴的办公自动化行业。这样做有两个问题：第一，他错误地认为可以改变信件和文件复印机公司固有的认知，企图与其他高科技认知的企业一决高下；第二，办公自动化行业竞争已经相当激烈，竞争对手包括IBM、DEC、施乐等。结果，信件和文件复印机公司破产。"

拜拉姆赞同道："连我都明白这是白费力气。那第五个错误呢?"

失去焦点

精灵说道："失去焦点是企业常犯的错误，通常也是成功导致的。取得成功后，有些CEO便不再专注于主业，而是往其他领域扩张。克莱斯勒公司的李·艾柯卡（Lee Iacocca）就是典型的代表。我曾与他紧密合作，一起拯救克莱斯勒。当时的他专注于克莱斯勒核心业务，做出了一系列重大改革，如重组管理部门，创立并全面实施严格的财务制度，改善质量监控体系，大力裁员节省开支等。他甚至还亲自上阵担任广告代言人，旁白堪称经典：'如果你能找到比克莱斯勒更好的车，买吧。'此外，他还写了一本畅销书。

"一时间，他声名大噪，他也就变得自负起来。他牵头自由女神像的修复工作，加入国会削减预算委员会，出版了第二本书，买下一座意大利别墅，还做起了葡萄酒和橄榄油生意。他甚至与意大利玛莎拉蒂创办合资企业，但最终失败了。也许是他的意大利情怀导致了这一切。不用说，克莱斯勒公司陷入了困境。现在，它已被一家大型的德国汽车企业收购了。"

拜拉姆说："给我举一个正面的例子吧。"

"你可能会感到意外，"精灵回答，"保持聚焦的佼佼者是玛莎·斯图尔特生活全媒体公司（Martha Stewart Living Omnimedia）的 CEO 玛莎·斯图尔特。"

"你开玩笑吧，"拜拉姆惊讶地答道，"我还以为她只是个家政女王呢！"

"显然，你并不了解她的商业帝国——涵盖了图书、杂志、电视、广播节目和以她名字命名的商品，所有这些加起来每年能给她带来 3 亿多美元的收益。她每周工作 7 天，每天工作 20 小时，她打造了一个活生生的个人品牌。"精灵说道。

"你教过她吗?"拜拉姆问。

"我尝试过，问她要不要帮助，这让她大为恼火，还把我扔出了办公室。"精灵说道。

"开玩笑吧?"拜拉姆很惊讶。

精灵说道："我们精灵从来不开玩笑。她说了一些难听的话，抓起我所在的电脑扔出了窗外，这种事以前从未发生过。"

"那你后来怎么做的?"拜拉姆问。

"还能做什么?她公司上市的时候买了股票,当时股票表现相当好。"精灵说道。

"你们仍持有她的股票吗?"拜拉姆问。

"没有。我们觉得,像贝蒂·克罗克(Betty Crocker)那样虚构的人物可以完美且永生,而玛莎生活在现实世界,所以任何负面新闻都容易被媒体夸大,比如她卖掉些股票获利,大家认为她有内部消息。而且,最终她也会变老、死去,这是个问题。"精灵说道。

拜拉姆接着说道:"真是个女强人。好了,下一个错误是什么?"

乱改进

灾难之路是以改进之名而铺成的。

精灵继续说:"乱改进其实算不上致命错误,但有时会带来大麻烦。正如我以前所说的,'灾难之路是以改进之名而

⊖ 贝蒂·克罗克是美国通用磨坊公司(General Mills)于1921年推出的虚构的女性代言人,通用磨坊围绕该人物开发了烹饪节目,并出版了一系列蛋糕制作书籍。——译者注

铺成的'。每位激情的营销人员都想对企业做些改进，借此成名。他们乱调整产品，延伸品牌，盲目追逐需求，渐渐把事情搞砸。

"麦当劳就犯了这样的错误，它在已经超负荷的菜单上增加了44个新菜品，结果人们不知道该点什么，收银台前移动缓慢的长队抱怨不断。希望麦当劳 CEO 杰克·格林伯格（Jack Greenberg）尽快回归到经典菜品上，否则我们只能祝他好运，因为已经有一连串令人失望的财务报表了。

"一般来讲，销售停滞或下滑会让人产生乱改进的欲望。看一看销售停滞不前的可口可乐公司。它们怎么办呢？它们重新设计了罐子的外观，以为会有消费者因为喜欢罐子的新外观来买可口可乐。"

拜拉姆对此再次表示赞同："是的，发现别人的错误的确很容易，但要看清自己的错误却很难。"

骄傲

精灵笑着说："你说得非常对，这也正是由于第七个错误——'骄傲'所致。当企业在市场中建立了领先地位后，很多 CEO 开始低估竞争对手，认为自己的企业实力强大，资金充裕，无所不能。他不再谦虚，觉得别人会犯错误而自己不会。

"我所教过最谦虚的 CEO 是西南航空公司的赫伯·凯莱赫

（Herb Kelleher）。这么多年来，他小心谨慎，时时告诫自己不要低估竞争对手，并且专注于'短程、点对点直飞'的定位。他坚持只用一种机型的小型飞机，集中拓展小型机场，并且时刻关注竞争环境。多年来，西南航空一直保持领先地位，他是我们欣赏的 CEO 类型。"

拜拉姆注视着精灵，说道："7 个致命的错误讲完了，第 10 个问题也问完了，我猜你就要起身到下一家企业去了。你还会回来看看吗？"

精灵摇摇头说："不会，只能靠你自己了。如果遵循我的建议，你和你的企业将会获得巨大的成功。当然你可能会犯错，但这也是一个学习的过程。马吉主教（Bishop W. C. Magee）说得好，'不犯错的人往往无所作为'。另外还有一点，不要让那些所谓的专家、顾问和智囊给骗了，他们会将营销说得比我复杂多了。他们正是靠复杂谋生的，而你却要保持简单。"

话音一落，屏幕陷入一片空白，电脑也在一阵烟雾中消失了。

精灵的智慧
....

Ego is the No.1 enemy of successful
marketing.

"自以为是"是营销的头号敌人。

后　记

精灵离开后，拜拉姆继续运用学到的知识来指导企业经营。在他的领导下，联合器件公司蒸蒸日上，旗下各品牌表现突出，利润持续增长，股票价格也逐年攀升。

很快，拜拉姆成了商界中的明星 CEO，甚至被吹捧为第二个杰克·韦尔奇。慢慢地他开始自我陶醉，觉得任何问题都难不倒自己。同时，他身边也围满了唯命是从和阿谀奉承之徒，没有人对他的决策提出异议，尤其是那些整天环绕在企业周围的顾问们。他还受邀加入其他企业的董事会，并到各地发表演讲，大谈他的商业哲学。这一切使得拜拉姆留给战略会议的时间越来越少，最后只能将更多的决策权授予他人。

因为股票价格高企，他开始寻找能够兼并或收购的企业，以进军更多行业。这最终促成了一项大型并购，这项并购后公司规模扩大一倍，同时也借此进入了许多新领域，以期发挥"协同效应"，销售更多的产品。

有关并购的消息传出后不久，精灵信托基金就抛售了联合器件公司所有的股票。

附录 A

定位思想应用

定位思想
正在以下组织或品牌中得到运用

•王老吉：6年超越可口可乐

王老吉凉茶曾在年销售额1个多亿徘徊数年，2002年借助"怕上火"的定位概念由广东成功走向全国，2008年销售额达到120亿元，成功超越可口可乐在中国的销售额。

•东阿阿胶：5年市值增长15倍

2005年，东阿阿胶的增长出现停滞，公司市值处于20亿元左右的规模。随着东阿阿胶"滋补三大宝"定位的实施，以及在此基础上多品牌定位战略的展开，公司重回高速发展之路，2010年市值超300亿元。

......

劲霸男装、香飘飘奶茶、芙蓉王香烟、乡村基快餐、方太厨电、雅迪电动车、九阳豆浆机、乌江涪陵榨菜、会稽山绍兴酒、大长江集团（豪爵摩托）、立白集团、燕京集团、九龙斋酸梅汤、太阳纸业，等等。

• "棒！约翰"：以小击大，痛击必胜客

《华尔街日报》说"谁说小人物不能打败大人物？"时，就是指"棒！约翰"以小击大，痛击必胜客的故事。特劳特帮助它把自己定位成一个聚焦原料的公司——更好的原料、更好的比萨，此举使"棒！约翰"在美国已成为公认最成功的比萨店之一。

• IBM：成功转型，走出困境

IBM 公司 1993 年巨亏 160 亿美元，特劳特先生将 IBM 品牌重新定位为"集成电脑服务商"，这一战略使得 IBM 成功转型，走出困境，2001 年的净利润高达 77 亿美元。

• 莲花公司：绝处逢生

莲花公司面临绝境，特劳特将它重新定位为"群组软件"，用来解决联网电脑上的同步运算。此举使莲花公司重获生机，并凭此赢得 IBM 青睐，以高达 35 亿美元的价格售出。

• 西南航空：超越三强

针对美国航空的多级舱位和多重定价的竞争，特劳特将它重新定位为"单一舱级"的航空品牌，此举帮助西南航空从一大堆跟随者中脱颖而出，1997 年起连续五年被《财富》杂志评为"美国最值得尊敬的公司"。

......

惠普、宝洁、汉堡王、美林、默克、雀巢、施乐、百事、宜家等《财富》500 强企业、泽西联合银行、Repsol 石油、ECO 饮用水、七喜，等等。

附录 B

企业家感言

如果说王老吉今天稍微有一点成绩的话，我觉得我们要感恩方方面面的因素，在这里有两位大贵人，这就是特劳特（中国）公司的邓德隆和陈奇峰。在我们整个发展的过程中，每一步非常关键的时刻，他们都出现了……其实，他们在过去的将近十年里一直陪伴着我们走过。

——加多宝集团（红罐王老吉）副总裁　阳爱星

特劳特战略定位理论能帮你跳出企业看企业，透过现象看本质，从竞争导向、战略定位、顾客心智等方面来审视解决企业发展过程中的问题。特劳特，多年来一直是劲霸男装品牌发展的战略顾问；定位理论，多年来一直是劲霸男装 3000 多个营销终端的品牌圣经。明确品牌定位，进而明白如何坚持定位，明确方向；进而找到方法，这就是定位的价值和意义。

——劲霸男装股份有限公司总裁　洪忠信

邓德隆的《2 小时品牌素养》是让我一口气看完的书，也是对我影响最大的书，此书对定位理论阐述得如此透彻！九阳十几年聚焦于豆浆机的成长史，对照"定位理论"，竟如此契合，如同一个具体的案例！看完此书，我们更坚定了九阳的

"定位"。

——九阳股份有限公司董事长　王旭宁

品牌是市场竞争的基石，是企业基业长青的保证。企业在发展中的首要任务是打造品牌，特劳特是世界级大师，特劳特的定位理论指导了许多世界级企业取得竞争的胜利，学习后我们深受启发。

——燕京啤酒集团公司董事长　李福成

定位已经不是简单的理论和工具，它打开了一片天地，不再是学一个理论、学一个原理，真的是让自己看到了更广阔的天地。

——辉瑞投资公司市场总监　孙敏

好多年前我就看过有关定位的书，这次与我们各个事业部的总经理一起来学习，让自己对定位的理念更清晰，理解更深刻，对立白集团战略和各个品牌的定位明朗了很多。

——立白集团总裁　陈凯旋

在不同的条件下、不同的环境中，如何运用定位理论，去找到企业的定位，去实现这个战略，我觉得企业应该用特劳特的方法很好地实现企业的战略，不管企业处于哪个阶段，这个理论越早走越好。

——江淮动力股份公司总经理　胡尔广

定位的关键首先是确立企业的竞争环境，认知自己的市场地位，认清楚和认识到自己的市场机会，这样确定后决定我们采用什么样的策略，这个策略包括获取什么样的心智资源，包括如何竞争取舍，运用什么样的品牌，包括在品牌不同的生命周期、不同的生命阶段采用什么样的战术去攻防。总之，这是我所经历的最实战的战略课程。

——迪马实业股份公司总经理　贾浚

战略定位，简而不单，心智导师，品牌摇篮。我会带着定位的理念回到我们公司进一步消化，希望能够借助定位的理论帮助我们公司发展。

——IBM（中国）公司合伙人　夏志红

从事广告行业 15 年，服务了 100 多个著名品牌，了解了定位的相关理论后，回过头再一看：但凡一个成功的企业，或者一个成功的企业家，都不同程度地遵循并且坚持了品牌定位理论的精髓，并都视品牌为主要的竞争工具。我这里所说的成功企业，并不就是所谓的大企业（规模巨大或无所不能），而是拥有深深占领了消费者心智资源的强势品牌。这样的成功企业，至少能有很好的利润、长久的生存基础，因而一定拥有真正的竞争优势。

——三人行广告有限公司董事长　胡栋龙

定位理论对企业的发展是至关重要的，餐饮行业非常需要这样一个世界顶级智慧来做引导。回顾乡村基的发展历程，我已领悟到"定位"的重要性，在听了本次定位课程之后，有了更加清晰的认识和系统的理论基础，我也更有信心将乡村基打造成为"中国快餐第一品牌"！

　　　　　——乡村基国际餐饮有限公司董事长　李红

　　心智为王，归纳了我们品牌成长 14 年的历程，这是极强的共鸣；心智战略，指明了所有企业发展的正确方向，这是我们中国的福音；心智定位，对企业领导者提出了更高的要求，知识性企业的时代来临了。

　　　　　——漫步者科技股份公司董事长　张文东

　　定位的本质是解决占有消费者心智资源的问题。品牌的本质是解决心智资源占有数量和质量的问题。从很大意义上来说，定位是因，品牌是果。定位之后的系统整合和一系列营销活动，实际上是在消费者的大脑里创建或强化一种心智模式，或者是重新改善他们对待品牌的心智模式。当这种心智资源被占有到一定程度（可用销量或市场占有率来衡量），或者心智模式已在较大市场范围明确确立时，则形成了品牌力，而品牌力即构成了竞争力的核心，品牌战略则是有效延续和扩大核心竞争优势的方针性举措。

　　　　　——奇正藏药总经理　李志民

　　消费者"心智"之真，企业、品牌"定位"之初，始于"品牌素养"之悟！

　　　　　——乌江榨菜集团董事长兼总经理　周斌全

　　盘点改革开放 30 年来中国企业的成长史，对于定位理论的研究和运用仍然凤毛麟角。企业成败的案例已经证明：能否在大变动时代实现有效的定位，成为所有企业面临的更加迫切的问题。谁将赢得下一个 30 年，就看企业是不是专业、专注、专心去做自己最专长的事！

——西洋集团副总经理　仇广纯

格兰仕的成功印证了"品牌"对于企业的重要价值，能否在激烈的市场竞争中准确定位，已成为企业生存发展的关键。

——格兰仕集团常务副总裁　俞尧昌

定位经典丛书

序号	ISBN	书名	作者
1	978-7-111-57797-3	定位（经典重译版）	（美）艾·里斯、杰克·特劳特
2	978-7-111-57823-9	商战（经典重译版）	（美）艾·里斯、杰克·特劳特
3	978-7-111-32672-4	简单的力量	（美）杰克·特劳特、史蒂夫·里夫金
4	978-7-111-32734-9	什么是战略	（美）杰克·特劳特
5	978-7-111-57995-3	显而易见（经典重译版）	（美）杰克·特劳特
6	978-7-111-57825-3	重新定位（经典重译版）	（美）杰克·特劳特、史蒂夫·里夫金
7	978-7-111-34814-6	与众不同（珍藏版）	（美）杰克·特劳特、史蒂夫·里夫金
8	978-7-111-57824-6	特劳特营销十要	（美）杰克·特劳特
9	978-7-111-35368-3	大品牌大问题	（美）杰克·特劳特
10	978-7-111-35558-8	人生定位	（美）艾·里斯、杰克·特劳特
11	978-7-111-57822-2	营销革命（经典重译版）	（美）艾·里斯、杰克·特劳特
12	978-7-111-35676-9	2小时品牌素养（第3版）	邓德隆
13	978-7-111-66563-2	视觉锤（珍藏版）	（美）劳拉·里斯
14	978-7-111-43424-5	品牌22律	（美）艾·里斯、劳拉·里斯
15	978-7-111-43434-4	董事会里的战争	（美）艾·里斯、劳拉·里斯
16	978-7-111-43474-0	22条商规	（美）艾·里斯、杰克·特劳特
17	978-7-111-44657-6	聚焦	（美）艾·里斯
18	978-7-111-44364-3	品牌的起源	（美）艾·里斯、劳拉·里斯
19	978-7-111-44189-2	互联网商规11条	（美）艾·里斯、劳拉·里斯
20	978-7-111-43706-2	广告的没落 公关的崛起	（美）艾·里斯、劳拉·里斯
21	978-7-111-56830-8	品类战略（十周年实践版）	张云、王刚
22	978-7-111-62451-6	21世纪的定位：定位之父重新定义"定位"	（美）艾·里斯、劳拉·里斯 张云
23	978-7-111-71769-0	品类创新：成为第一的终极战略	张云